纺织碳达峰碳中和科技创新出版工程

双碳目标驱动下的纺织行业热泵技术
节能降碳与工业应用

Heat Pump Technology in the Textile Industry Driven by Dual Carbon Goals

Energy Saving and Carbon Reduction and Industrial Applications

张中娟 著

中国纺织出版社有限公司

内 容 提 要

热泵技术作为一种高效、清洁的能源利用方式，逐渐成为纺织行业绿色转型的重要技术路径。结合对48家纺织企业的调研情况，全书综合分析了化学纤维制造、棉纺织、印染和服装行业能源利用及余热现状、热泵应用现状以及未来应用场景，同时对热泵应用的经济和环境效益进行详细分析。在纺织行业双碳目标推进过程中，热泵将发挥举足轻重的作用，本书重点探讨了热泵普及面临的挑战和加快部署的相关政策建议。

本书具有很强的理论性、可读性和实践指导意义，可供从事节能降碳的工作人员参考，为企业、品牌、咨询机构等开展节能降碳工作提供支撑。

图书在版编目（CIP）数据

双碳目标驱动下的纺织行业热泵技术：节能降碳与工业应用 / 张中娟著. -- 北京：中国纺织出版社有限公司，2025.6. -- ISBN 978-7-5229-2683-4

Ⅰ. F426.81

中国国家版本馆 CIP 数据核字第 2025PL7271 号

SHUANGTAN MUBIAO QUDONG XIA DE FANGZHI HANGYE
REBENG JISHU: JIENENG JIANGTAN YU GONGYE YINGYONG

责任编辑：沈 靖　　责任校对：高 涵　　责任印制：王艳丽

中国纺织出版社有限公司出版发行
地址：北京市朝阳区百子湾东里 A407 号楼　邮政编码：100124
销售电话：010—67004422　传真：010—87155801
http://www.c-textilep.com
中国纺织出版社天猫旗舰店
官方微博 http://weibo.com/2119887771
北京华联印刷有限公司印刷　各地新华书店经销
2025 年 6 月第 1 版第 1 次印刷
开本：710×1000　1/16　印张：7.5
字数：108 千字　定价：98.00 元

凡购本书，如有缺页、倒页、脱页，由本社图书营销中心调换

致谢

本书是能源基金会工业项目G-2309-35065/工作组下课题的研究成果，聚焦工业热泵在纺织行业的应用研究及试点示范推广。

本项目研究过程中，得到浙江省省直建筑设计研究院、恒天（江西）纺织设计院有限公司、中国昆仑工程有限公司、河南省纺织建筑设计院有限公司、中国节能协会热泵专业委员会、上海诺通新能源科技有限公司的大力支持，包括陈建波、任建春、罗伟国、王传礼、赵恒谊、许海生、孙岩、钱荣群等，在此向他们表示诚挚感谢。

研究团队同时感谢以下专家在研究过程中作出的贡献：

何　平　能源基金会工业项目高级项目主任

郑　坦　能源基金会工业项目项目主管

崔　圣　能源基金会工业项目项目专员

杨爱民　佛山清洁生产中心秘书长

胡　斌　上海交通大学研究员

执行摘要

中国工业能源消费量占全社会能源消费总量的三分之二左右，其中50%~70%与工业加热工艺有关。纺织行业热能主要以蒸汽形式传递，通常采用煤炭和天然气加热。在双碳目标驱动下，纺织行业电气化率的提升以及加热工艺的脱碳显得极为重要。

据中国节能协会数据，在中国19个典型用热行业节能潜力分析中，纺织行业的用热节能潜力排在首位，年节能潜力为6.615亿吉焦。同时，中国是世界上最大的纺织品制造国，中国纺织行业的供热脱碳将对全球纺织产业链绿色转型产生重大影响。

热泵在纺织行业的应用方向

应用热泵技术直接提升电气化率，将为中国和全球纺织带来巨大的环境效益，但目前热泵在纺织行业的应用还未普及，主要原因是使用煤炭仍具有价格上的优势，燃烧煤炭供热仍是纺织行业用热来源的首选。此外，热泵技术提供的热量，其温度不能满足纺织企业所有工序的需求。

据调研的48家纺织企业分析，已产业化的热泵技术能提供的热量温度主要在100℃以下，而提供100~200℃温度的热泵，目前还处在示范阶段。纺织企业目前应用热泵的场景及未来方向见表1。

表1　纺织企业目前应用热泵的场景及未来方向

温度区间	设备	应用工艺	技术成熟度
<100℃	大型热泵，用于整合余热	印染废水余热回收再利用	TRL 10：已商业化，并未大规模应用
<100℃	大型热泵，用于整合余热	印染、黏胶、锦纶行业锅炉烟气余热利用	TRL 10：已商业化，并未大规模应用
<100℃	大型热泵，用于溶剂回收	丝光淡碱回收	TRL 10：已商业化，并未大规模应用
<100℃	大型热泵，用于溶剂回收	蒸汽机械再压缩技术（MVR）锦纶6单体回收	TRL 11：市场稳定性得到验证
<100℃	大型热泵，用于整合余热	纺纱车间空压机余热回收	TRL 10：已商业化，并未大规模应用
100~200℃	大型热泵，用于整合余热	酯化蒸汽ORC（有机朗肯循环）低温余热发电	TRL 10：已商业化，并未大规模应用
100~200℃	大型热泵，用于废气余热回收	印染定形机废气制取蒸汽	TRL 6-7：商业化前示范
100~200℃	大型热泵，用于冷凝水余热回收	印染冷凝水制取蒸汽	TRL 6-7：商业化前示范
100~200℃	大型热泵，用于制备过热水	黏胶行业过热水制备和替代十四效蒸发	TRL 5：未来应用场景
100~200℃	小型热泵，用于制备蒸汽	服装行业熨烫工艺段	TRL 5：未来应用场景

注　TRL（technology readiness level）为技术成熟度。

热泵为纺织行业供热脱碳提供有效解决方案

纺织行业用能依赖用煤，在纺织工业终端供热能源使用中，煤炭占比高达一半左右。除化学纤维制造行业企业外，其他纺织企业所需的热量温度基本在200℃以下，属于中低温热力，这是最适合热泵应用的温度范围。如果将热泵技术用于纺织行业，并代替煤炭的供热，将大幅减少温室气体的产生和排放。纺织行业实现碳中和的进程中供热脱碳将成为关键环节，热泵技术预计成为实现这一目标的有效方案。

热泵在纺织行业的应用具有极大潜力

在纺织行业中，热泵的应用在于满足200℃以下的供热需求。在棉纺、印染、服装行业等纺织细分领域，供热普遍使用中低温热水和中低压蒸汽。以印染行业为例，截至2024年，热泵应用还未形成规模，从理论上讲，假设余热全部用热泵进行回收并应用到生产工艺中，2025—2050年，每年将需要在印染行业安装约12.9万千瓦热泵。然而，在实际应用中，热泵在纺织行业的应用占比并不高，其原因是对热泵的宣传引导不够、热泵的温度覆盖不高以及热泵的投资回收期偏长。因此，进一步推动热泵在纺织行业的应用，缩短热泵的投资回收期以及热泵与多种能源组合提升温度显得尤为重要。

热泵应用将提升电气化率

据国际能源署分析，到2030年，在承诺目标情景下，热泵的年排放量比燃气锅炉低将近60%。同时，推动热泵在行业中的应用可以显著地提高纺织行业电气化率。例如，运用热泵可以使纺织行业2030年的电气率比2021年的电气化率提升18%。在电气化率和能效方面的提升将直接减少二氧化碳的排放，同时逐步替代部分煤炭供热可以大幅改善空气质量。

热泵应用将加快全球纺织产业链脱碳进程

中国纺织行业供热脱碳是影响国际供应链采购决策的重要因素。由本研究分析可知，到2050年实现热泵大规模应用，使之达到322.5万千瓦，将助力纺织行业减少约1680万吨CO_2的排放。

推动中国纺织行业热泵应用的政策建议（图1）

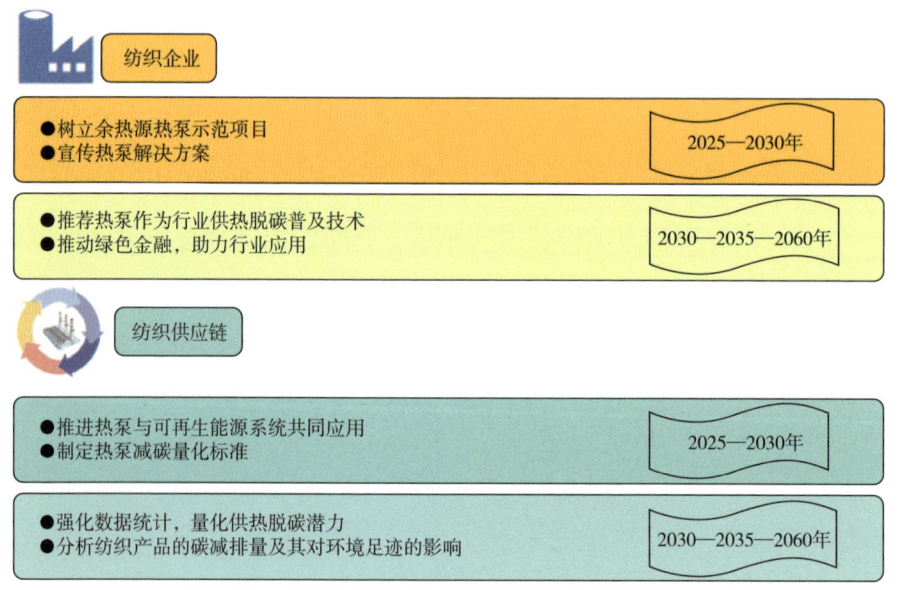

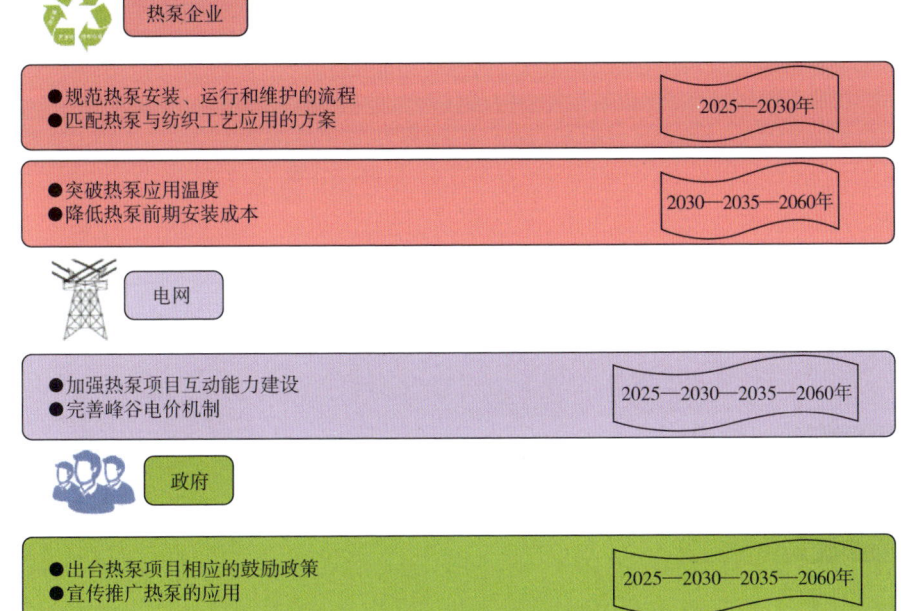

图 1 政策建议

前 言

2020年9月22日，中国在第75届联合国大会上提出将力争于2030年前实现碳达峰、2060年前实现碳中和，即"双碳"目标。实现双碳目标不仅是中国近期的主要任务，同时也是工业绿色转型的关键阶段。中国陆续出台了双碳的"1+N"系列政策文件以保障双碳目标的落实，这些措施有力促进了纺织行业现代化产业体系的建设和绿色低碳高质量发展。

"十四五"时期，中国纺织行业坚持践行绿色发展理念，积极推动能源结构优化、全流程绿色制造技术研发应用和循环再利用体系构建，能耗强度、水耗强度及主要污染物排放量等关键指标稳步下降，废旧纤维制品循环再利用技术形成产业化规模，初步建立起全生命周期的绿色低碳产业体系。然而，纺织行业推动绿色可持续发展以及实现二氧化碳排放下降，仍需进一步提升行业的电气化率。其中，热泵技术将余热进行回收并应用到各个生产工艺上，有效提升了热能利用率，此技术将成为纺织行业中低温供热脱碳的有效解决方案。在双碳目标背景下，推广应用热泵技术对纺织行业节能降碳具有重要的意义。

当前，中国的热泵应用主要集中在建筑领域，其他工业领域的热泵应用仍处于起步阶段。与建筑热泵不同，多数工业热泵不能使用环境空气作为热源，必须依靠足够温度的余热作为热源。在纺织企业中，生产需要的热能通常以蒸汽的形式传递，蒸汽主要由化石燃料的燃烧产生，25%~30%的热能会在蒸汽生产和输送中损失。与其他行业情况相同，纺织行业在降低碳足迹方面面临的一个主要挑战，就是其工业流程中严重依赖热能——蒸汽或热水。以印染行业为例，热能能耗的占比为70%左右，电和其他能源的占比为30%左右。因此，提高热能的利用将对印染行业降低产品碳足迹产生巨大影响。通过热泵技术实现余热的回收和再利用、识别余热产生的重点工艺并匹配相应的热泵技术，将对纺织行业供热脱碳起到促进作用。虽然热泵在纺织行业的普及率仍有限，但从中长期看，热泵在纺织行业的应用具有巨大潜力。

结合48家纺织企业的调研情况，本书总结分析了纺织行业能源利用及余热现状、热泵未来应用场景以及热泵应用的经济和环境效益。在纺织行业双碳目标推进过程中，热泵将发挥举足轻重的作用，因此本书还重点探讨了热泵普及面临的障碍和加快部署的相关政策措施。

本书提到的纺织行业包括国民经济分类中的C17纺织业，C18纺织服装、服饰业和C28化学纤维制造业。统计数据以中国统计年鉴和行业协会数据为准。

本书的结构如下：

第1章对工业热泵现状进行概述，从工业热泵的定义、分类、技术和政策角度进行分析，并描述纺织行业能源利用概况；

第2章分析纺织行业余热现状，介绍从化学纤维制造行业、棉纺织行业、印染行业到服装行业全产业链的自上而下的余热产生和热能利用的潜力，重点预测了余热利用的潜力；

第3章重点介绍热泵技术在纺织细分行业的应用和企业应用的

案例；

第4章针对余热潜力及热泵应用现状，重点分析热泵在纺织行业的应用潜力及可落地的应用场景；

第5章分析热泵应用的经济和环境效益，介绍中国认证减排量（China Certified Emissions Reductions，CCER）方法学及碳减排和污染物减排的潜力；

第6章提出一系列综合政策建议，以应对纺织热泵部署中面临的挑战，支持热泵在纺织全产业链的应用。

由于时间和作者水平所限，书中难免存在不足之处，恳请读者批评指正。

张中娟

2025年2月

目 录

第1章 工业热泵现状及纺织行业能源利用概况 ············ 1

1.1 工业热泵现状 ··· 2
- 1.1.1 工业热泵的定义及分类 ························· 3
- 1.1.2 工业热泵技术现状 ······························ 6
- 1.1.3 工业热泵政策现状 ····························· 10

1.2 纺织行业能源利用概况 ······························· 13
- 1.2.1 化学纤维制造行业能源利用概况 ············ 18
- 1.2.2 棉纺织行业能源利用概况 ····················· 24
- 1.2.3 印染行业能源利用概况 ························ 25
- 1.2.4 服装行业能源利用概况 ························ 28

第2章 纺织行业余热现状分析 ································ 31

2.1 化学纤维制造行业余热现状 ························· 32
- 2.1.1 纤维素纤维行业余热现状 ····················· 32
- 2.1.2 合成纤维行业余热现状 ························ 33

2.2 棉纺织行业余热现状 ·································· 37

2.3 印染行业余热现状 ····································· 38

2.4 服装行业余热现状 ····································· 43

2.5 热交换技术与热泵技术的差异 ……………………………… 45

第3章 纺织行业热泵技术应用目录和案例……………… 47
    3.1 纺织行业热泵技术应用目录 ……………………………… 48
    3.2 纺织行业热泵技术应用案例 ……………………………… 51
        3.2.1 无锡夏利达印染废水余热回收项目 ……………… 51
        3.2.2 江苏南通中邦磁悬浮MVR碱回收项目 …………… 52
        3.2.3 海安冠益纺织印染冷凝水转蒸汽项目 …………… 53
        3.2.4 烟台业林纺织余热回收项目 ……………………… 54
        3.2.5 汕头龙凤印染厂定形机废气回收转蒸汽项目 …… 55
        3.2.6 台华锦纶6聚合MVR单体回收项目 ……………… 56
        3.2.7 新凤鸣酯化蒸汽余热发电项目 …………………… 58
        3.2.8 新凤鸣绿色PTA余热发电项目 …………………… 59
        3.2.9 台华空气源热泵冷热联供项目 …………………… 59
        3.2.10 经纬纺机节能供热项目 ………………………… 60

第4章 纺织行业热泵未来应用场景………………………… 63
    4.1 化学纤维制造行业的热泵技术应用 ……………………… 64
    4.2 棉纺织行业的热泵技术应用 ……………………………… 65
    4.3 印染行业的热泵技术应用 ………………………………… 66
    4.4 服装行业的热泵技术应用 ………………………………… 67
    4.5 辅助生产设备的热泵技术应用 …………………………… 68
        4.5.1 空压机的余热回收利用 …………………………… 69
        4.5.2 锅炉的余热回收利用 ……………………………… 70

  4.5.3 废水处理设备的余热回收利用 ················· 70

第5章 纺织行业热泵应用的经济和环境效益 ············ 73

5.1 纺织行业热泵CCER方法学的应用 ················· 74
  5.1.1 开展热泵CCER方法学研究的意义 ············ 74
  5.1.2 热泵CCER方法学开发的途径 ················· 75
  5.1.3 热泵CCER方法学的内容 ····················· 76
5.2 纺织行业热泵的减排量 ···························· 77
5.3 纺织行业热泵的经济性分析与对比 ················· 78
  5.3.1 纺织行业热泵的经济性分析 ··················· 78
  5.3.2 纺织行业热泵与不同技术的经济性对比 ········· 80

第6章 纺织行业热泵应用面临的挑战和政策建议 ········ 83

6.1 纺织行业热泵应用面临的挑战 ····················· 86
  6.1.1 技术层面的挑战 ····························· 86
  6.1.2 经济层面的挑战 ····························· 87
6.2 纺织行业热泵应用的政策建议 ····················· 88
  6.2.1 拓宽技术应用面 ····························· 88
  6.2.2 打造试点示范 ······························· 89
  6.2.3 绿色金融助力 ······························· 91
  6.2.4 加强宣传推广 ······························· 92
  6.2.5 推动相关方协同合作 ························· 93

参考文献 ·· 95

图目录

图1-1　热泵的类型及应用 …………………………………………… 4

图1-2　工业热泵的分类 ……………………………………………… 5

图1-3　闭式热泵的基本工作原理及压焓图示意图 ………………… 6

图1-4　单级压缩制备热水循环流程图 ……………………………… 7

图1-5　单级压缩+闪蒸制备微压蒸汽循环流程图 ………………… 8

图1-6　单级压缩+闪蒸+蒸汽压缩制备低压蒸汽循环流程图 …… 8

图1-7　蒸汽压缩循环流程图 ………………………………………… 9

图1-8　低温余热发电流程图 ………………………………………… 9

图1-9　纺织行业细分行业分类 ……………………………………… 14

图1-10　纺织行业细分行业能耗占比 ……………………………… 15

图1-11　纺织行业余热用途示意图 ………………………………… 15

图1-12　纺织行业热力应用形态 …………………………………… 16

图1-13　聚酯涤纶直接纺丝工艺流程 ……………………………… 20

图1-14　锦纶生产工艺流程 ………………………………………… 22

图1-15　腈纶及碳纤维生产工艺流程 ……………………………… 23

图1-16　黏胶纤维生产工艺流程 …………………………………… 23

图1-17　棉纺纱生产工艺流程 ……………………………………… 24

图1-18　棉机织布生产工艺流程 …………………………………… 25

图1-19　棉针织布生产工艺流程 …………………………………… 25

图1-20	机织染整布常规生产工艺流程	26
图1-21	针织染整布常规生产工艺流程	27
图1-22	印花布常规生产工艺流程	28
图1-23	2023年中国规上企业主营业务收入占比和出口结构占比	29
图1-24	牛仔服装生产工艺流程	29
图2-1	黏胶行业余热回收示意图	33
图2-2	聚酯行业余热回收示意图	34
图2-3	锦纶行业余热回收示意图	35
图2-4	腈纶及碳纤维行业余热回收示意图	36
图2-5	棉纺织行业余热回收示意图	37
图2-6	印染行业余热回收示意图	39
图2-7	高温废水余热回收系统（换热器）	41
图2-8	溢流染色机高温废水余热回收（换热器）工艺流程	41
图2-9	定形机高温废气余热回收（换热器）工艺流程	42
图2-10	服装行业余热回收示意图	43
图2-11	服装企业熨烫工序现场	43
图2-12	服装企业地源热泵系统照片	44
图3-1	无锡夏利达印染废水余热回收系统	52
图3-2	江苏南通中邦纺织科技有限公司及其磁悬浮MVR碱回收系统	52
图3-3	海安冠益纺织科技有限公司及其印染冷凝水转蒸汽系统	54
图3-4	烟台业林纺织印染有限责任公司及其余热回收系统	55
图3-5	汕头市龙凤印染有限公司及其定形机废气回收转蒸汽系统	56
图3-6	台华新材料（江苏）有限公司及其锦纶6聚合MVR单体回收系统	57
图3-7	新凤鸣集团股份有限公司及其酯化蒸汽余热发电系统	58
图3-8	台华高新染整（嘉兴）有限公司及其空气源热泵冷热联供系统	60

图3-9 经纬智能纺织机械有限公司及其节能供热系统 ·············· 61
图4-1 黏胶行业中可采用热泵的工艺段 ························ 64
图4-2 碳纤维行业中可采用热泵的工艺段 ······················ 65
图4-3 聚酯行业中可采用热泵的工艺段 ························ 65
图4-4 棉纺织行业中可采用热泵的工艺段 ······················ 66
图4-5 印染行业中可采用热泵的工艺段 ························ 67
图4-6 服装行业中可采用热泵的工艺段 ························ 67
图4-7 热泵在牛仔服装水洗上的应用 ·························· 68
图5-1 工业供热均化成本（伯克利实验室数据） ················ 80
图6-1 政策建议 ·· 86
图6-2 拓宽热泵应用面 ···································· 89
图6-3 打造热泵试点示范 ·································· 90
图6-4 绿色金融助力 ······································ 92
图6-5 加强宣传推广 ······································ 92
图6-6 推动相关方协同合作 ································ 93

表目录

表1-1	纺织印染行业绿色低碳技术——热泵	12
表1-2	中国19个典型用热工业部门按温度水平划分的热泵供热潜力	16
表1-3	中国19个典型用热工业部门节能减碳潜力分析	17
表1-4	四种化学纤维单位产品综合能耗	19
表1-5	聚酯涤纶单位产品能耗指标	20
表1-6	再生涤纶单位产品综合能耗（一级水平）	21
表1-7	锦纶6单位产品综合能耗（一级水平）	22
表1-8	黏胶纤维产品综合能耗（一级水平）	24
表1-9	2023年中国纺织品和服装进出口额	29
表2-1	印染行业可回收利用的余热	40
表2-2	热交换技术与热泵技术的比较	45
表3-1	纺织行业热泵技术应用目录	49
表3-2	MVR系统技术指标	57
表5-1	已获批和可参考的CCER方法学	75
表5-2	1000m^2车间采用不同采暖方式的对比分析	78
表5-3	工业热泵机组预估售价	78
表5-4	工业废热水源热水热泵性能与经济性分析	79
表5-5	工业废气源蒸汽热泵性能与经济性分析	79
表5-6	能源成本分析	81

第1章
工业热泵现状及纺织行业能源利用概况

1.1 工业热泵现状
1.2 纺织行业能源利用概况

中国工业深度低碳化不仅包括钢铁、建材、化工和有色金属四大重工业，还涉及热能的利用和工业电气化率提升。根据国际能源署2024年发布的《中国热泵的未来》的报告，中国工业热力消费占全球的40%，200℃以下的供热需求约占中国工业供热需求的20%。据国家发改委发布的《锅炉绿色低碳高质量发展行动方案》显示，中国锅炉年消耗标准煤20亿吨，碳排放约占全国碳排放总量的40%。2024年，中国能源消耗总量为59.6亿吨标准煤，煤炭消费量占能源消费总量的53.2%，天然气、水电、核电、风电、太阳能发电等清洁能源消费量占能源消费总量的28.6%。"富煤"的资源特征决定了过去中国"以煤为主"的能源消费格局。长期以来，中国工业供热方式以燃煤锅炉为主，这种局面需要改变，通过电气化和热能替代等新方式实现工艺过程的脱碳将为中国工业绿色高质量发展提供新动能。

1.1　工业热泵现状

目前，中国工业能源消耗约占全国能源消耗总量的60%，加工工业消耗的能源有50%以上热量转变为废气和废水形式的余热而损失。据统计，加工工业仅有30%的余热得到回收和利用，这是目前能源利用率低的主要原因。

工业热泵能够利用余热作为热源对热量进行回收和再利用,以满足部分工业用热及建筑供热或供冷,这将成为未来提升能效的重要手段。目前工业热泵主要致力于满足200℃以下的热力需求,在市场上已进行相应示范,但普及率仍不高。在实际应用中,工业热泵最高供应温度达到160℃。根据2024年美国伯克利实验室研究结果可知,工业热泵可以从热源中提取热量,将温度提高到60℃的热泵效率在300%左右,没有其他加热技术的能源效益超过100%,这使热泵技术成为特别具有成本效益的电气化路径。预计在2030年,随着技术进步,热泵实际应用温度将进一步达到200℃,到2050年热泵温度将达到300℃,逐步加快供热脱碳进度。

目前热泵在工业领域的应用比例非常低,存在政策、市场和技术应用等多方面的挑战,有待更多相关方的关注和推进。

1.1.1 工业热泵的定义及分类

法国科学家萨迪·卡诺(Sadi Karnot)于1824年首次提出"卡诺循环"理论,这一理论为热泵技术奠定了理论基础。第二次世界大战之后,随着全球对节能技术以及新能源产品的开发及应用的重视,热泵技术以其回收低温废热、节约能源的特点登上历史舞台,受到人们的青睐。20世纪70年代,热泵技术进入黄金期,国际能源机构和欧洲共同体等组织纷纷制订了大型热泵发展计划,热泵的用途不断扩大。自1990年以来,热泵技术的研发投入便一直处于上升阶段,尤其是进入21世纪,众多国家因为能源不足所带来的压力和本国经济发展的需求,众多因素叠加促使了热泵技术的显著进步和发展。

常见的热泵系统有空气源热泵系统、水源热泵系统、地源热泵系统、余热源热泵系统等。热泵技术主要应用在热水供应、冷暖空调、蒸汽的辅助供热,如图1-1所示。

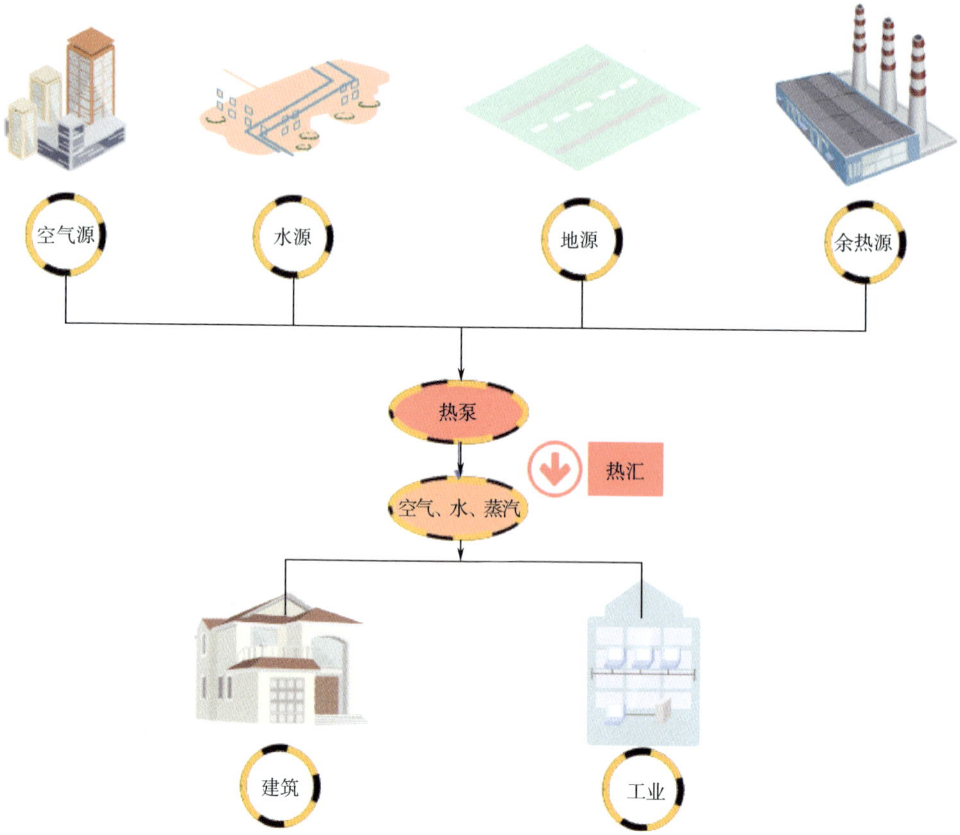

图1-1 热泵的类型及应用

根据工业应用的供热温度及热泵的COP(制冷性能系数,即热量输出与能量输入之比)值,热泵可分为低温热泵、中温热泵、高温热泵和超高温热泵四种类型。中低温热泵的供热温度在100℃以内,此技术较为成熟,在工业各行业有部分应用。高温和超高温热泵供热温度在100℃以上，实际应用中，常用温度在100~160℃；超过160℃的热泵，其应用的性价比还有待提升，如图1-2所示。

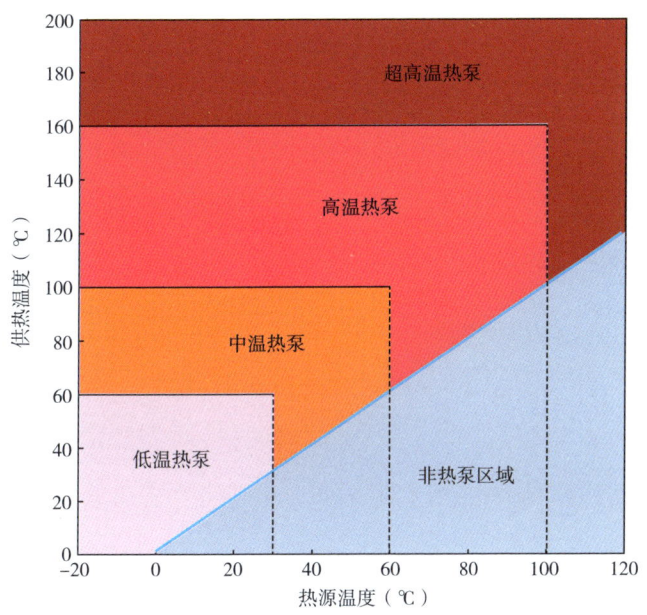

图1-2　工业热泵的分类

据中国节能协会发布的《工业热泵发展白皮书》中对热泵的分类，图1-2中低温热泵供热温度低于60℃；中温热泵供热温度在60~100℃；高温热泵供热温度在100~160℃；超高温热泵供热温度高于160℃。

工业领域中，各行业生产工艺与用热特点不同，供热的需求主要集中在热水、热风和蒸汽。工业热泵的应用主要集中在余热回收领域，特别是在热水、蒸汽和发电等方面的应用。

1.1.2 工业热泵技术现状

热泵是一种以消耗部分能量作为补偿条件使热量从低温物体转移到高温物体的能量利用装置。热泵能够把空气、土壤、水中所含的不能直接利用的热能、工业废热等转换为可以利用的热能。据热力学第二定律，热量不会自动从低温区向高温区传递，必须向热泵输入一部分驱动能量才能实现这种热量的传递。根据热力学第一定律，所供给用户的热量是消耗的驱动能与吸取的低位热能的总和，由此可见，热泵是一种COP值始终大于1的节能装置。

热泵可分为闭式热泵和开式热泵。闭式热泵的基本工作原理及压焓图如图1-3所示，气态工质从1点进入压缩机吸气口，后经过压缩达到高温高压状态2，然后经过冷凝器放出热量达到3点；高压工质从膨胀阀降压到低温低压状态4点进入蒸发器，在蒸发器中

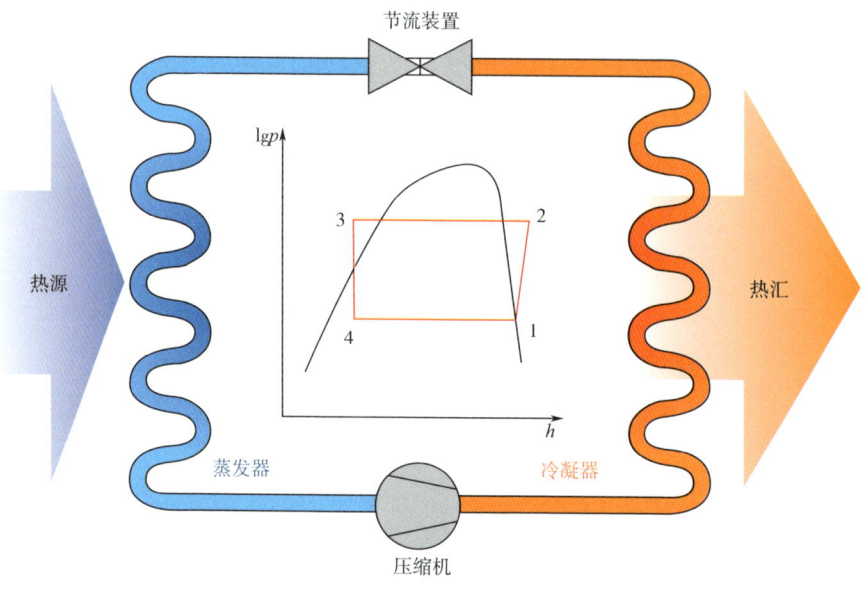

图1-3 闭式热泵的基本工作原理及压焓图示意图

吸收热量到达1点，完成整个循环。开式热泵直接使用空气或水作为工作介质，这些介质在蒸发器中吸收环境中的热量，经过加热后直接作为供热介质使用。相比于开式热泵，闭式热泵更适合对温度和能效要求较高、需要长期稳定运行的应用场景，是工业热泵的主要形式。

对于100℃以下的供热，通过成熟热泵装备来实现；对于100℃以上的供热，工业热泵的核心设备、关键配件等方面还需进一步开展技术改进。工业热泵最常见的形式为单级循环，而多级循环可达到更高的温度输出，复叠式热泵系统可实现更大的温升。

工业热泵系统中与纺织相关的热泵循环系统分为废热水（40~90℃）和废气（>80℃）热泵循环系统两类。

采用温度为40~90℃的废水制备100~120℃热水的工艺流程如图1-4所示；制备100~120℃蒸汽的工艺流程如图1-5所示；制备120~200℃蒸汽的工艺流程如图1-6所示。

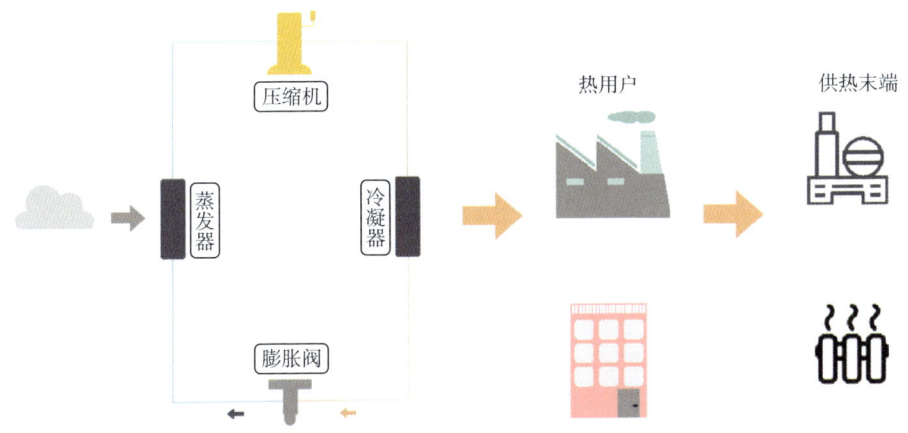

图1-4　单级压缩制备热水循环流程图

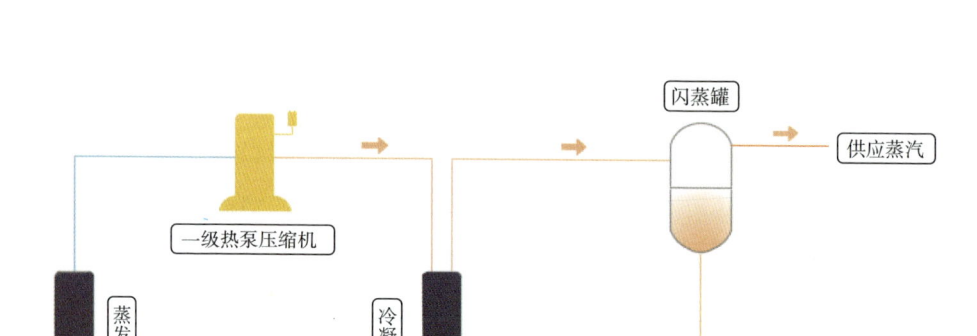

图 1-5 单级压缩+闪蒸制备微压蒸汽循环流程图

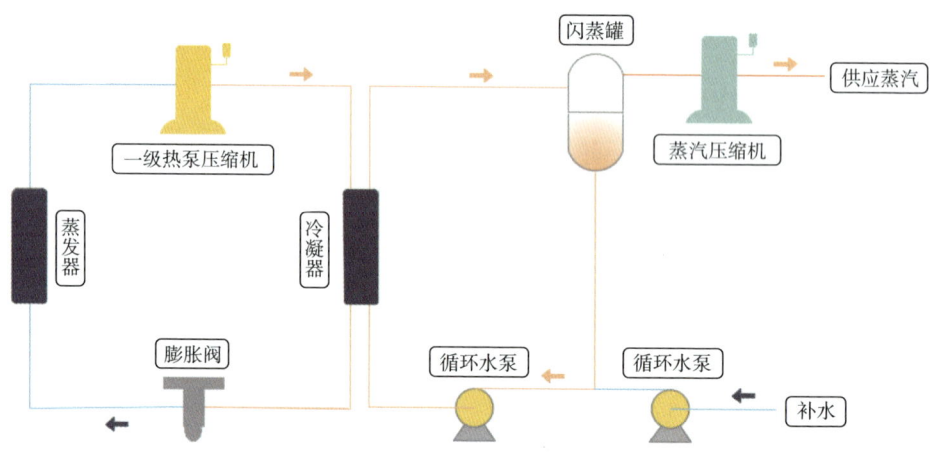

图 1-6 单级压缩+闪蒸+蒸汽压缩制备低压蒸汽循环流程图

当余热为温度高于 80℃ 的废气时,制备 100~200℃ 蒸汽的工艺流程如图 1-7 所示,采用蒸汽压缩机对其进行增压。

当回收的废气温度高于 80℃ 时可以用于发电,其发电流程如图 1-8 所示,该工艺采用 ORC 低温余热发电技术。

第 1 章　工业热泵现状及纺织行业能源利用概况

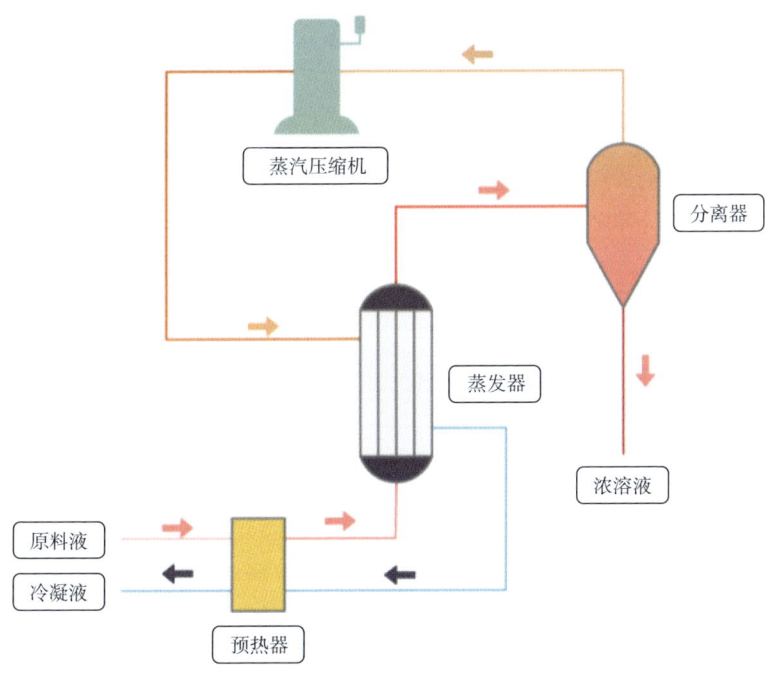

图 1-7　蒸汽压缩循环流程图

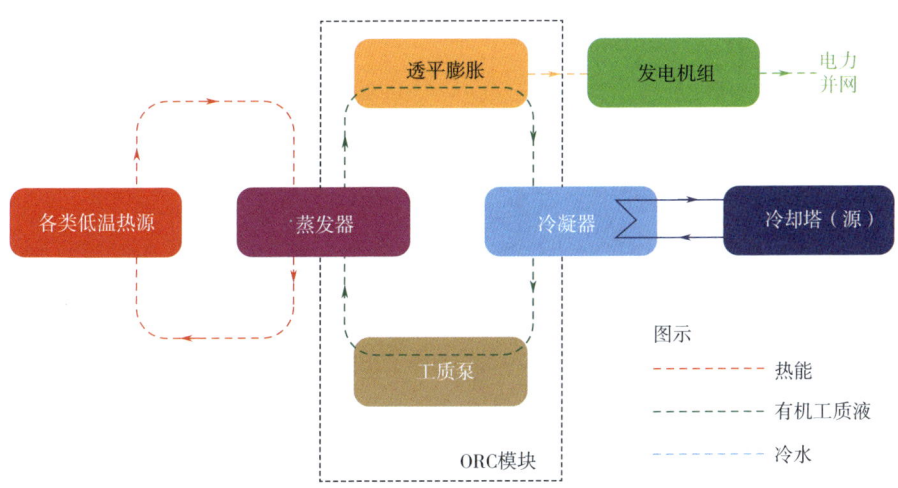

图 1-8　低温余热发电流程图

9

各种类型的热泵压缩机是决定系统供热温度的关键部件，对系统的运行性能和维护等有直接影响，相比于民用热泵，工业热泵的供热温度的范围更广，热泵系统所采用的工质也有所不同。

1.1.3 工业热泵政策现状

1.1.3.1 "十四五"期间国内与纺织行业相关的热泵政策

国务院印发的《2030年前碳达峰行动方案》（国发〔2021〕23号）：推动工业领域绿色低碳发展。优化产业结构，加快退出落后产能，大力发展战略性新兴产业，加快传统产业绿色低碳改造。促进工业能源消费低碳化，推动化石能源清洁高效利用，提高可再生能源应用比重，加强电力需求侧管理，提升工业电气化水平。

《"十四五"工业绿色发展规划》（工信部规〔2021〕178号）：鼓励工厂、园区开展工业绿色低碳微电网建设，发展屋顶光伏、分散式风电、多元储能、高效热泵等，推进多能高效互补利用。提高能源利用效率，加快重点用能行业的节能技术装备创新和应用，持续推进典型流程工业能量系统优化。

《"十四五"现代能源体系规划》（发改能源〔2022〕210号）：提升终端用能低碳化电气化水平。全面深入拓展电能替代，推动工业生产领域扩大电锅炉、电窑炉、电动力等应用，加强与落后产能置换的衔接。因地制宜推广空气源热泵、水源热泵、蓄热电锅炉等新型电采暖设备。

《关于进一步推进电能替代的指导意见》（发改能源〔2022〕

353号）：推广电炉钢、电锅炉、电窑炉、电加热等技术，开展高温热泵、大功率电热储能锅炉等电能替代，扩大电气化终端用能设备使用比例。对新增电能替代项目，电网企业要安排专项资金用于红线外供配电设施的投资建设。

《工业能效提升行动计划》（工信部联节〔2022〕6号）：稳妥有序对工业生产过程中低温热源进行电气化改造。鼓励优先使用可再生能源满足电能替代项目的用电需求。到2025年，电能占工业终端能源消费比重达到30%左右。

《工业领域碳达峰实施方案》（工信部联节〔2022〕88号）：推动工业用能电气化。综合考虑电力供需形势，拓宽电能替代领域，在铸造、玻璃、陶瓷等重点行业推广电锅炉、电窑炉、电加热等技术，开展高温热泵、大功率电热储能锅炉等电能替代，扩大电气化终端用能设备使用比例。重点对工业生产过程1000℃以下中低温热源进行电气化改造。

在中国双碳目标的持续推动下，电气化进程不断加快。支持热泵技术推广利用，扩大电气化设备使用比例，推动"以电代煤""以电代油"等电能替代进程。地方政府密集出台政策，推动城市节能热泵建设。各省也相继发布有关工业热泵应用的政策文件，仅2023年，江苏、浙江、山东、新疆、河南等省发布了省级工业领域碳达峰实施方案。

2024年10月8日，工信部印发的《印染行业绿色低碳发展技术指南（2024版）》文件中，涵盖三项热泵技术，详见表1-1。

表1-1　纺织印染行业绿色低碳技术——热泵

（1）热泵法中低品位热能回收 适用范围：印染企业及园区内中高温废水和废气余热回收 技术特点：通过热泵机组、换热器、水泵以及控制系统实现热量回收和利用。系统杂质过滤精度、自动化程度高，防止热泵机组和管道结垢和腐蚀 应用效果：可回收中高温工艺废水和废气中70%左右的余热，可降低废水、废气的温度，有利于废气的后续处理。回收余热可用于工艺水预热、污泥干化等
（2）蒸汽热能梯级利用 适用范围：低压蒸汽印染设备 技术特点：中压蒸汽经定形机使用后，通过一级闪蒸罐回收至低压蒸汽管网后，低于0.8MPa的冷凝热水和蒸汽进入二级闪蒸罐，通过热泵系统加压后再次进入低压蒸汽管网，用于染色机等低压设备，充分利用所有蒸汽热能 应用效果：通过闪蒸系统减少蒸汽消耗，实现热能再利用
（3）MVR淡碱回收 适用范围：印染丝光淡碱的回收利用 技术特点：利用蒸汽机械再压缩技术将蒸发过程中产生的蒸汽压缩，使蒸汽压力和温度升高，经压缩的蒸汽被送到蒸发器加热室作为热源加热淡碱液，实现蒸汽的循环使用，同时将淡碱液浓缩至所需浓度 应用效果：相比蒸汽多效蒸发节能30%左右，可降低生产成本

1.1.3.2　国际上与纺织行业相关的热泵政策

2023年6月美国《工业减排技术发展计划（TIEReD）》：投入1.35亿美元支持40个工业脱碳项目，旨在开发关键的工业转型和创新技术，以减少工业碳排放，助力国家实现净零排放经济。

2023年2月，日本发布《GX实施基本方针》：未来十年内，将需要150万亿日元的总投资来支持能源/工业转型。为了实现热量需求的脱碳和热量的高效利用，预计投资0.5万亿日元推动在工业领域引进工业热泵和热电联产等高效设备。

2018年后，欧盟不断上调能源转型目标，能源领域成为新冠肺炎病毒感染后经济刺激的重点；2022年地缘冲突加剧，传统能源价格飞涨，热泵采暖优势进一步凸显。

2022年5月18日，欧盟委员会发布了"RE Power EU"能源计划，拟通过提升可再生能源供给、强化用能侧节能力度及多元化能源供应等措施，到2030年，投入约3000亿欧元（2027年前投入2100亿欧元），加速能源独立和转型。欧盟计划在5年内将热泵的渗透率翻倍，预计累计安装量1000万台；到2030年，按照"RE Power EU"能源计划，居民和服务业热泵存量达到4150万台。欧洲热泵协会（EHPA）认为，要实现欧盟的渗透率目标，到2030年预计需要安装6000万台热泵。

1.2 纺织行业能源利用概况

实现双碳目标，对各个行业降低碳排放都提出了更高的要求。未来中国能源结构也将进行重大调整，行业降低碳排放及可再生能源利用将成为重要方向。纺织行业作为重要的工业部门是中国国民经济和社会发展的支柱产业，具有产业链条长、能源结构复杂等特点。

在纺织行业中，工艺过程脱碳的关键是提高现有生产过程的能源利用效率、燃料替代以及直接电气化，其中，2021年纺织行业终端电气化率为28.09%，2022年电气化率28.73%。通过使用工业热泵实现电气化是纺织行业脱碳的可选技术路线。假设2025年通过热泵项目提升2%的电气化率，标煤消耗量减少232.68万吨，温室气体排放减少604.97万吨CO_2e（二氧化碳当量），那么到2030年，通过热泵项目可提升8%的电气化率，标煤消耗量减少930.72万吨，温室气体排放减少1572.92万吨CO_2e。利用热泵技术提升纺织行业生产过程中余热的回收并应用于生产，将对纺织行业能源利用结构产生深远影响。就节能减排潜力而言，假设纺织行业实现热泵技术的全行业应用，年均能效提高可达10%，纺织行业年均节约标煤932万吨，折合2423万吨CO_2e。"十四五"期间和"十五五"期间，共节约标煤6524万吨，折合16961万吨CO_2e。

按照《中国能源统计年鉴》，纺织行业分为三个类别，即C17纺织业，C18纺织服装、服饰业和C28化学纤维制造业，如图1-9所示，本书将纺织业进一步划分出棉纺织和印染行业。

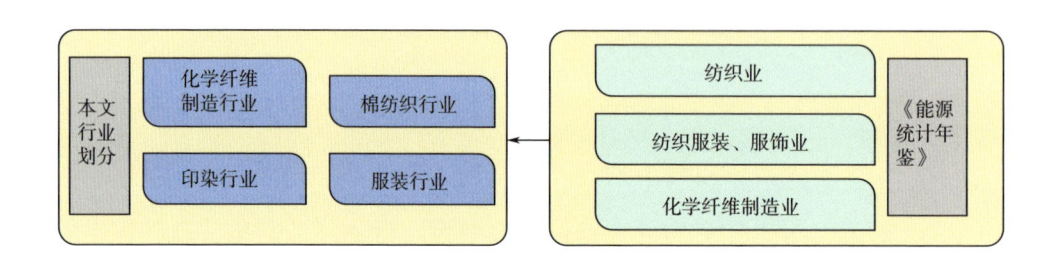

图1-9 纺织行业细分行业分类

注 与《中国能源统计年鉴》中纺织行业的三个类别不同，本书按照四大细分行业进行研究。

根据《中国能源统计年鉴》的数据，2022年纺织行业三大类别的能耗占比如图1-10所示。

化学纤维制造业
24.37%

纺织服装、服饰业
8.43%

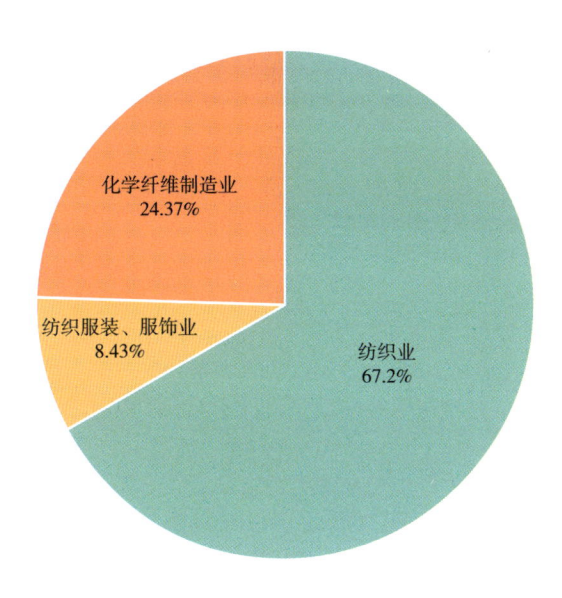

纺织业
67.2%

图1-10　纺织行业细分行业能耗占比

纺织行业已开展余热回收再利用工作，如利用热交换器进行液—液热交换，提取水的余热量用于工艺生产中。本书对48家纺织企业进行了调研，采用热泵技术回收的余热主要用于制备热水、蒸汽、发电、空间制冷、空间制热以及烘干等（图1-11）。

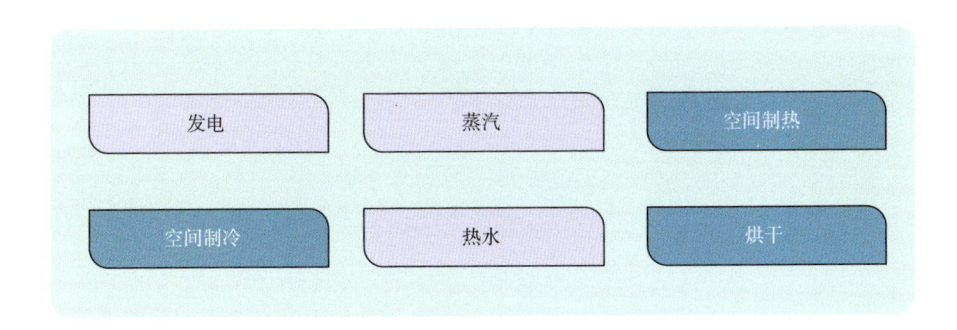

| 发电 | 蒸汽 | 空间制热 |
| 空间制冷 | 热水 | 烘干 |

图1-11　纺织行业余热用途示意图

纺织行业热力应用的形态主要分为低温热力、中温热力和高温热力三大部分（图1-12）。低温热力主要用于染色机、烘干机和蒸汽熨斗；中温热力主要用于定形机等设备；高温热力主要用于聚合物熔融设备。

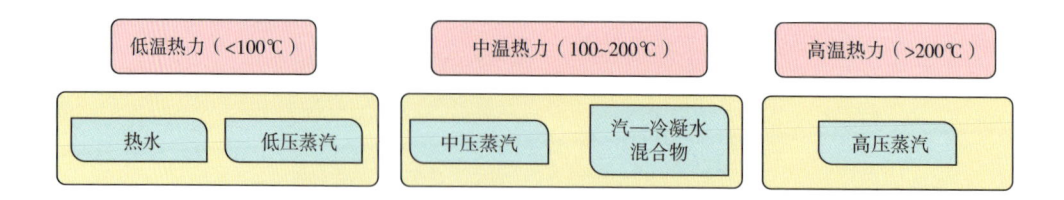

```
低温热力（<100℃）          中温热力（100~200℃）          高温热力（>200℃）
  热水    低压蒸汽          中压蒸汽   汽—冷凝水混合物        高压蒸汽
```

图1-12 纺织行业热力应用形态

根据中国节能协会热泵专业委员会的数据，纺织行业的热泵供热潜力集中在80~200℃，共计为7.59亿吉焦（表1-2）；节能减碳潜力若按50%普及率计算，共计为0.52亿吨CO_2e（表1-3）。在各类典型的工业用热部门中，纺织行业的潜力排在首位。

表1-2 中国19个典型用热工业部门按温度水平划分的热泵供热潜力

单位：亿吉焦

序号	工业部门	<80℃	80~100℃	100~150℃	150~200℃	合计
1	农副食品加工	2.063	0.798	1.925	0.248	5.034
2	食品制造	1.021	0.395	0.953	0.123	2.491
3	酒、饮料和精制茶	0.641	0.248	0.599	0.077	1.565
4	纺织	4.702	1.095	1.578	0.000	7.375
5	木材加工	0.350	0.952	0.084	0.107	1.493
6	造纸	0.896	1.160	0.527	2.004	4.588
7	石油与煤炭	1.389	0.444	0.611	0.500	2.944
8	化工	2.271	0.727	0.999	0.818	4.815
9	医药制造	0.093	0.030	0.041	0.033	0.197

续表

序号	工业部门	<80℃	80~100℃	100~150℃	150~200℃	合计
10	化学纤维制造	0.103	0.033	0.045	0.037	0.218
11	橡胶和塑料制造	0.208	0.066	0.091	0.075	0.440
12	非金属矿物制品	0.353	0.000	0.733	0.000	1.086
13	黑色金属冶炼	0.000	0.000	0.000	0.000	0.000
14	有色金属冶炼	0.000	0.000	0.000	0.000	0.000
15	金属制品	4.748	0.000	0.528	0.231	5.506
16	通用设备制造	2.628	0.000	0.292	0.128	3.048
17	专用设备制造	1.365	0.000	0.152	0.066	1.583
18	汽车制造	3.107	0.058	0.174	0.058	3.397
19	其他	10.295	0.494	1.763	0.353	12.904
	合计	36.233	6.499	11.095	4.856	58.683

数据来源：《工业热泵发展白皮书（2023）》。

表1-3 中国19个典型用热工业部门节能减碳潜力分析

序号	工业部门	年节能量（亿吉焦）	年减碳量（亿吨二氧化碳当量）		
			34%	50%	70%
1	农副食品加工	4.385	0.280	0.345	0.426
2	食品制造	2.170	0.138	0.171	0.211
3	酒、饮料和精制茶	1.363	0.087	0.107	0.132
4	纺织	6.425	0.410	0.505	0.624
5	木材加工	1.301	0.083	0.102	0.126
6	造纸	3.997	0.255	0.314	0.388
7	石油与煤炭	2.565	0.164	0.202	0.249

续表

序号	工业部门	年节能量（亿吉焦）	年减碳量（亿吨二氧化碳当量）		
			34%	50%	70%
8	化工	4.194	0.268	0.330	0.407
9	医药制造	0.172	0.011	0.013	0.017
10	化学纤维制造	0.190	0.012	0.015	0.018
11	橡胶和塑料制造	0.383	0.024	0.030	0.037
12	非金属矿物制品	0.946	0.060	0.074	0.092
13	黑色金属冶炼	0.000	0.000	0.000	0.000
14	有色金属冶炼	0.000	0.000	0.000	0.000
15	金属制品	4.796	0.306	0.377	0.466
16	通用设备制造	2.655	0.169	0.209	0.258
17	专用设备制造	1.379	0.088	0.108	0.134
18	汽车制造	2.959	0.189	0.233	0.287
19	其他	11.241	0.717	0.884	1.092
	合计	51.121	3.261	4.018	4.965

数据来源：《工业热泵发展白皮书（2023）》。

1.2.1　化学纤维制造行业能源利用概况

现在中国化学纤维产量占全球化学纤维产量的70%，而化学纤维中重要的品类——聚酯纤维产量占整个化学纤维产量的80%。中国化学纤维制造行业过去十年经历了快速发展，奠定了全球化学纤维生产大国的地位。2022年，中国化学纤维制造行业能源消耗为2634万吨标准煤。化学纤维能源消费总量将随着化学纤维产量的增加逐步上升。

化学纤维包括合成纤维（如涤纶、锦纶、腈纶、丙纶）和再生纤维（如黏胶纤维、莫代尔纤维、莱赛尔纤维）。化学纤维的品种很多，其中产量大和应用广的有涤纶、锦纶、腈纶和黏胶纤维。化学纤维品种不同，原料、工艺路线不同，其能源消耗各不相同。本书主要聚焦上述四种纤维在生产中产生的能源消耗进行分析，并针对不同企业进行调研。化学纤维生产中蒸汽温度在300～2600℃，主要用于生产工艺阶段聚合部分和碳化工艺。四种化学纤维单位产品综合能耗见表1-4。

表1-4 四种化学纤维单位产品综合能耗

纤维品种	单位产品综合能耗（kg ce/t）		
	2015年	2020年	同比（%）
涤纶	105	78	-11.29
黏胶长丝	4000	2784	-30.4
锦纶	257.85	215.96	-16.25
腈纶	1041.8	998.1	-4.19

由表1-4可知，黏胶长丝的单位产品综合能耗最高，但从2015年到2020年下降幅度最大。

1.2.1.1 聚酯涤纶生产能耗

聚酯涤纶直接纺丝工艺从生产系统［对苯二甲酸（PTA）和乙二醇（EG）］投料开始，经计量、浆料混合、酯化反应、预缩聚反应、终聚反应、熔体过滤、出料，再经过管道输送到纺丝工序，直接纺丝。其工艺流程如图1-13所示。

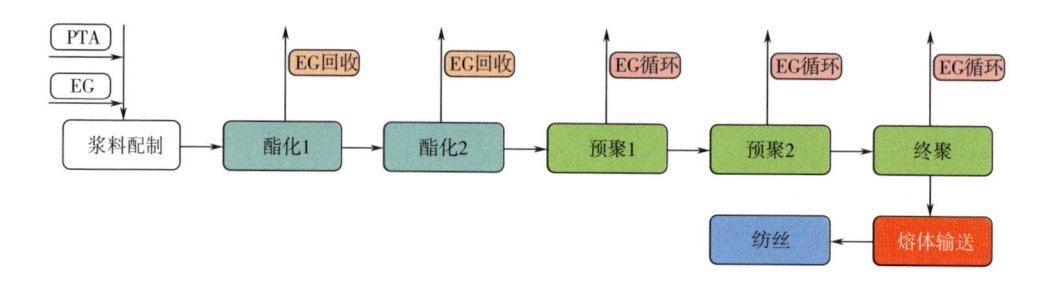

图1-13 聚酯涤纶直接纺丝工艺流程

GB 36889—2018《聚酯涤纶单位产品能源消耗限额》中的能耗指标要求见表1-5，通过这些指标可知聚酯涤纶生产工艺流程中用能较大的工序是纺丝、切片和加弹工序。

表1-5 聚酯涤纶单位产品能耗指标

序号	工序		指标（kg ce/t）
1	聚酯聚合工序		≤90
2	纤维，即聚酯切片固相缩聚工序		≤85
3	溶体直接纺丝工序	工业长丝	≤165
4		短纤维	≤100
5	纤维级聚酯切片纺丝工序	工业长丝	≤195
6		短纤维	≤155
7	涤纶长丝加弹工序	拉伸变形丝DTY（网络喷嘴压力≤0.12MPa）	≤118
8		拉伸变形丝DTY（网络喷嘴压力≥0.35MPa）	≤165

随着循环经济的发展，再生涤纶已经成为重要的涤纶产品之一。国家发改委、生态环境部和工信部联合发布的《合成纤维制造业（再生涤纶）清洁生产评价指标体系》中确定了单位产品综合能耗一级水平值，见表1-6。

表1-6 再生涤纶单位产品综合能耗（一级水平）

序号	产品		综合能耗（kg ce/t）
1	原料	整瓶——净片	≤40
2		毛瓶——净片	≤30
3		泡料	≤25
4		切片	≤75
5	长丝	166.7dtex POY	≤160
6		166.7dtex FDY	≤215
7	短纤维	三维中空	≤165
8		二维中空	≤165
9		棉型	≤155
10		毛型	≤155

1.2.1.2 锦纶生产能耗

锦纶强度高，吸湿性和染色性明显优于其他合成纤维。近年来，锦纶产量年均增长在5%左右，其产量大幅增长得益于锦纶主要原料国产化率和设备水平提升，价格优势得到显现。锦纶主要包含锦纶6、锦纶66和锦纶56，以锦纶6为主，占锦纶生产总产量的95%。锦纶生产工艺流程如图1-14所示。

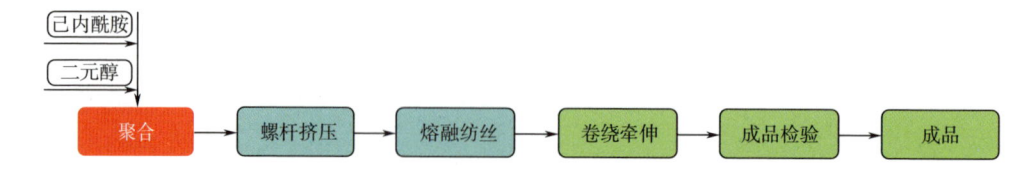

图 1-14 锦纶生产工艺流程

国家发改委、生态环境部和工信部联合发布的《合成纤维制造业（锦纶6）清洁生产评价指标体系》确定了锦纶6单位产品综合能耗水平，其中一级能耗水平可见表1-7。

表1-7 锦纶6单位产品综合能耗（一级水平）

序号	产品	综合能耗（kg ce/t）
1	锦纶6（民用）切片	≤155
2	锦纶6（工业用）切片	≤170
3	锦纶6长丝（民用）FDY	≤190
4	锦纶6长丝（民用）HOY	≤170
5	锦纶6长丝（民用）DTY	≤200
6	锦纶6工业丝	≤190

1.2.1.3 腈纶及碳纤维生产能耗

碳纤维质量比金属铝轻，但强度却高于钢铁，并且具有耐腐蚀、高模量的特性，在国防军工和民用方面都是重要的材料。碳纤维不仅具有碳材料的固有本征特性，又兼备纺织纤维的柔软可加工性，是新一代增强纤维。腈纶（即聚丙烯腈纤维）生丝生产出来后经碳化制成碳纤维。中国目前是世界最大腈纶生产国和消费国，腈纶通常采用NaSCN湿法一步法、两步法，DMAc湿法两步法，DMAc

溶剂干法生产。由于各国都将碳纤维的生产视为国家或商业机密，故无法查到碳纤维的生产能耗数据。而腈纶生产工艺较多，也无法统一产品的综合能耗。腈纶及碳纤维生产工艺流程如图 1-15 所示。

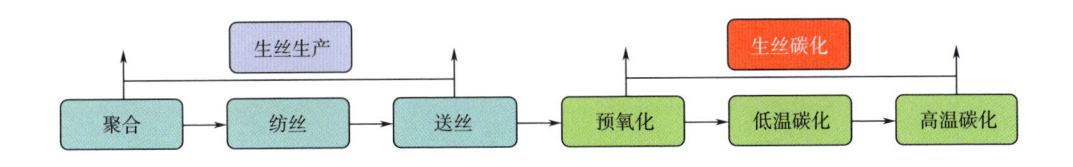

图 1-15　腈纶及碳纤维生产工艺流程

1.2.1.4　黏胶纤维生产能耗

黏胶纤维以"木"作为原材料，是从天然木纤维素中提取并重塑纤维分子而得到的纤维素纤维，如以天然纤维素为主要原料，经过与 NaOH、H_2SO_4、CS_2 等化工原料进行一系列化学反应制成。黏胶纤维具有棉的本质、丝的品质，吸湿性符合人体皮肤要求，源于天然优于天然。黏胶长丝生产工艺分为黏胶制备和纺丝。黏胶纤维生产工艺流程如图 1-16 所示。

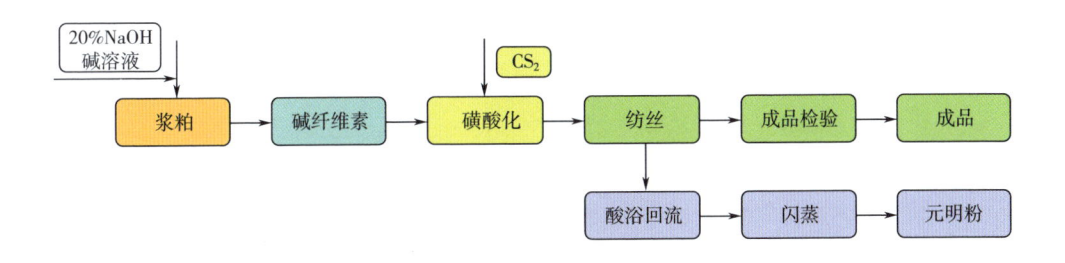

图 1-16　黏胶纤维生产工艺流程

国家发改委、生态环境部和工信部联合发布的《再生纤维素纤维制造业（黏胶法）清洁生产评价指标体系》，确定了黏胶纤维单位产品综合能耗水平，其中一级能耗水平见表1-8。

表1-8 黏胶纤维产品综合能耗（一级水平）

序号	产品	综合能耗（kg ce/t）
1	黏胶长丝	≤3500
2	黏胶短纤维	≤900

1.2.2 棉纺织行业能源利用概况

过去十年，根据棉纺行业纱、布产量以及单位产品能耗情况推测，棉纺行业将在2030年前提前实现碳达峰。棉纺主要包括纺纱工艺和织造生产工艺。

棉纺纱生产工艺主要分环锭纺、涡流纺和气流纺工艺。纺纱生产消耗的能源种类比较简单，基本上以电力为主，辅以少量热力。棉纺织企业包含浆纱工艺段，企业的热力由直接购入或企业燃料燃烧产生。棉纺纱生产工艺流程如图1-17所示。

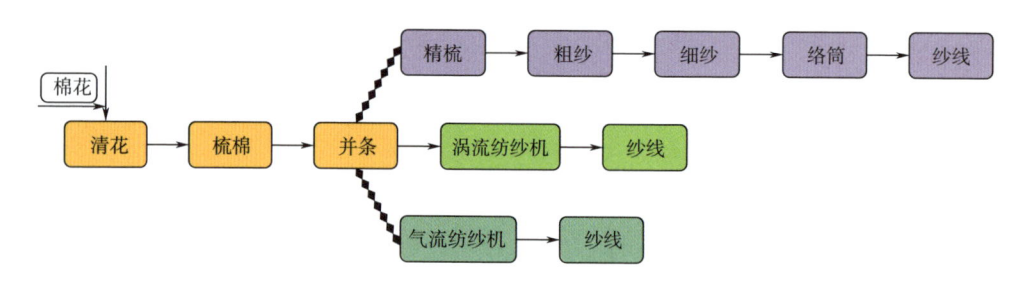

图1-17 棉纺纱生产工艺流程

棉机织布生产消耗的能源主要为电力和蒸汽，其中织布工序是耗电量较大的生产工序，而浆纱工序需要使用蒸汽。织布工序和浆纱工序是织造生产中主要的用能工序。棉机织布生产工艺流程如图1-18所示。

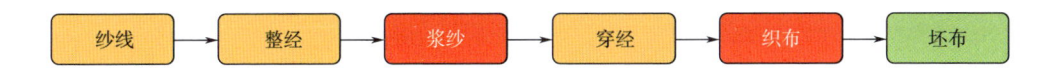

纱线 → 整经 → 浆纱 → 穿经 → 织布 → 坯布

图1-18 棉机织布生产工艺流程

棉针织布分纬编针织布和经编针织布，两种织物有两种不同生产工艺流程。棉针织布生产工艺流程如图1-19所示。

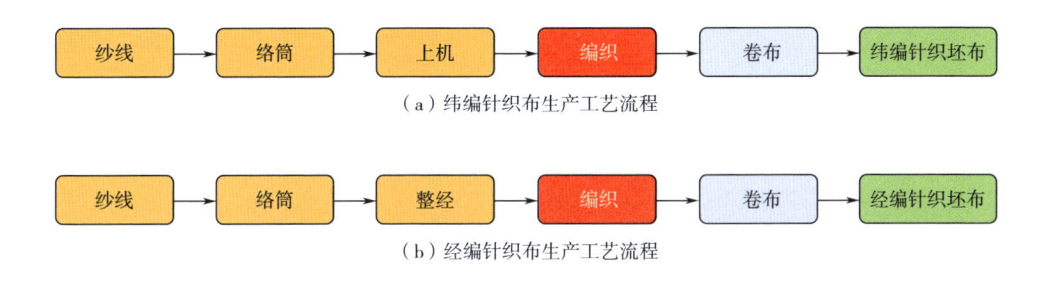

纱线 → 络筒 → 上机 → 编织 → 卷布 → 纬编针织坯布

（a）纬编针织布生产工艺流程

纱线 → 络筒 → 整经 → 编织 → 卷布 → 经编针织坯布

（b）经编针织布生产工艺流程

图1-19 棉针织布生产工艺流程

织造工序是棉针织布生产过程中电力消耗最大的工序，因而也是用能最大的工序。在经编针织布的织造过程中，由于在织造过程中会产生一定的热量，要保证生产车间的恒温，需要消耗一定的电力进行调温。在经编针织布的织造过程中，辅助生产设备的用能占比较大。

1.2.3 印染行业能源利用概况

中国印染企业主要分布在江苏、浙江、福建、广东和山东五省。在浙江、广东、福建和江苏工业园内的印染企业，淘汰了自用燃煤锅炉，而采用集中供热，只有工业园区外的个别企业仍保留自用燃煤锅炉。山东、四川和安徽等省还有部分企业在用自用燃煤锅炉。在"十二五"期间和"十三五"期间,"煤改气"工作取得显著成效,预测2025—2035年能源结构将有新的变化,可再生能源的占比将再度提高。在印染行业能源消耗总量中,蒸汽供热的能耗占比约为70%,电力和其他能源占比约为30%。

纺织印染生产具有耗能较大、采用能源种类较多以及温室气体排放量较大等特点。印染生产除了能源消耗会产生温室气体排放外,生产过程和废水处理过程也会产生温室气体排放,其中,生产过程中主要是因碳酸盐的使用而产生,废水处理过程中主要是厌氧阶段产生甲烷。

印染生产的产品种类也比较多,最常见的是纤维染色、纱线染色、机织染整布、针织染整布和印花布。印染产品的种类较多,每个种类都有各自的特点,本书以经典产品的生产工艺流程为例进行进一步介绍,一些特殊的加工工艺,如磨毛、剪毛和功能性处理等,没有包括在常规生产工艺之中。

1.2.3.1 机织染整布生产

机织染整布的常规生产工艺流程如图1-20所示。

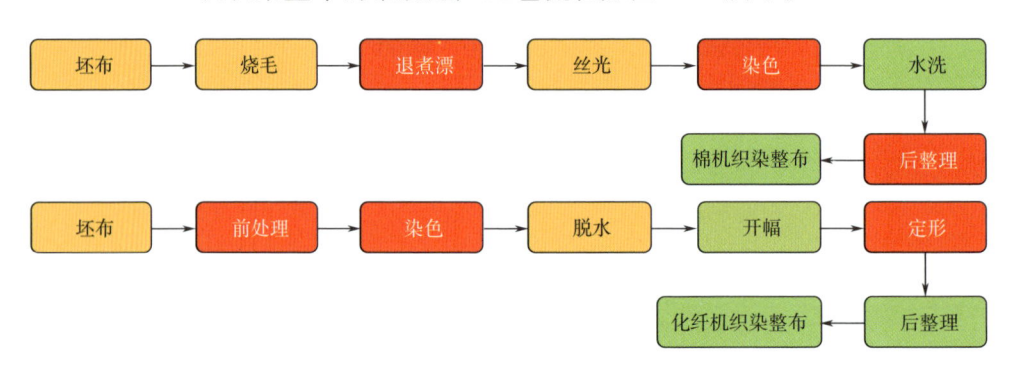

图1-20 机织染整布常规生产工艺流程

机织染整布又可分棉机织染整布和化纤机织染整布，两者的生产工艺略有不同，因此生产产生的能耗也有差异。

机织染整布的染整生产有多种方式，如浸染法、轧染法以及冷堆法。在机织染整布生产过程中，烧毛、退煮漂、丝光、染色和定形工序是机织染整布温室气体排放的关键工序。

其中，定形是机织染整布能耗较大的工序之一。机织染整布的定形温度在160～220℃，定形机废气的排放温度在120～180℃。经测算，机织染整布在定形时，有效热能仅占总加热量的30%左右，散热损失约占70%，其中，废气排放损失约占60%，设备及其他损失约占10%，可见，废气的直接排放造成能源的极大浪费。热定形机废气所含的污染物由织物在加工过程中所使用的染整助剂决定。

1.2.3.2 针织染整布生产

在讨论针织染整布的生产时，常常是以纬编针织染整布为例。纬编针织染整布的常规生产工艺流程如图1-21所示。

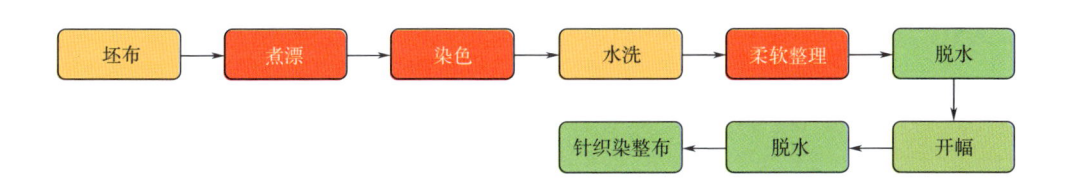

图1-21 针织染整布常规生产工艺流程

近十几年来，针织染整布的生产有了很大的改进，平幅煮漂、平幅水洗以及冷堆法煮漂和染色等工艺已得到广泛运用。在针织染整布生产中，煮漂、染色和定形是能源消耗的关键工序。

1.2.3.3　印花布生产

印花布是在染整生产基础上进行的。印花布的常规生产工艺流程如图1-22所示。

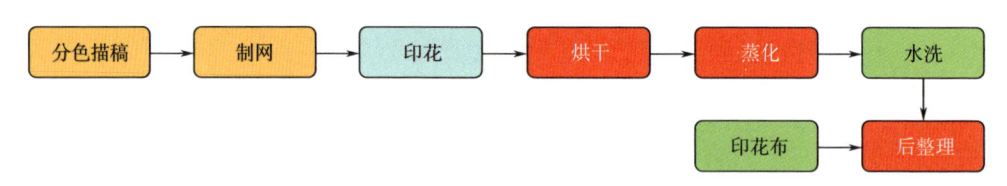

分色描稿 → 制网 → 印花 → 烘干 → 蒸化 → 水洗 → 印花布 → 后整理

图1-22　印花布常规生产工艺流程

印花可分为机织布印花和针织布印花，也可以分为匹布印花和服装裁片印花，还可以分为染料印花和涂料印花。印花有多种生产工艺和多种产品类型，但产量较大的仍是匹布的平网印花、滚筒印花和圆网印花。在印花生产过程中，织物需经过染色或前处理，在印花工序有能源消耗排放和碳酸盐排放，蒸化工序和定形工序是主要能源消耗工序。

1.2.4　服装行业能源利用概况

服装生产工艺包括服装裁剪、服装制作、服装染色和服装水洗等工序。2022年中国纺织服装、服饰业的标煤消耗为912万吨。2023年中国规上企业主营业务收入占比中纺织服装、服饰业占26.3%。根据海关总署统计显示，2023年中国纺织品服装出口2936.4亿美元，纺织品出口1345.0亿美元，服装出口1591.4亿美元，如图1-23所示。在纺织品和服装出口中，服装出口占到54.2%。

服装行业用能种类主要是电力和蒸汽。以牛仔服装生产为例，其工艺流程如图1-24所示。

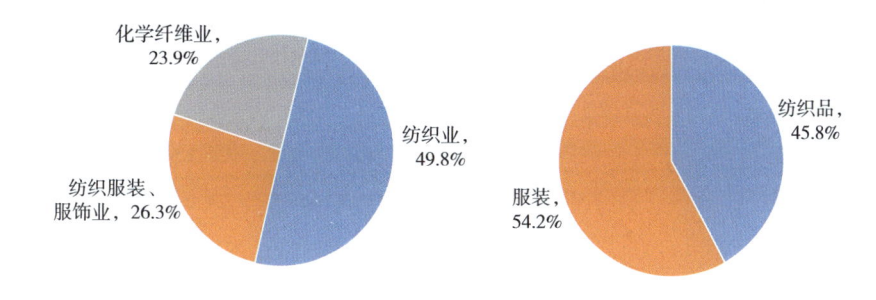

图 1-23　2023 年中国规上企业主营业务收入占比和出口结构占比

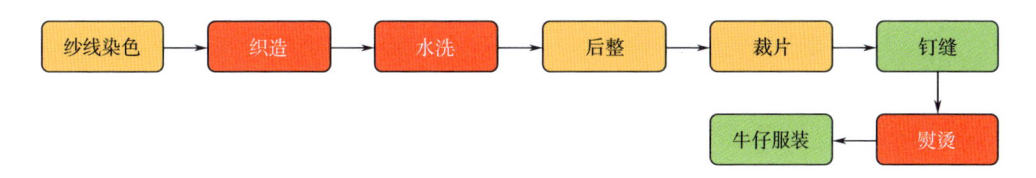

图 1-24　牛仔服装生产工艺流程

服装也是重要的进出口产品，2023 年中国纺织品和服装进出口情况可见表 1-9。

表 1-9　2023 年中国纺织品和服装进出口额　　　　　　　　单位：亿美元

主要国家和地区	出口纺织品	出口服装	进口纺织品	进口服装
亚洲	781.03	660.85	95.71	53.15
欧洲	179.95	380.99	17.54	45.87
非洲	150.95	94.14	0.32	2.18
大洋洲	26.06	63.56	0.20	0.05
北美自由贸易区	210.62	403.17	4.72	2.22
欧盟和美国	289.55	625.94	19.91	43.73
非欧盟和美国	1140.46	1045.78	98.71	60.44
"一带一路"共建国家	747.84	486.74	53.53	45.72

根据纺织品和服装进出口情况分析，未来"一带一路"共建国家的贸易将进一步上升，可见热泵在纺织行业的应用将在这些国家和地区有更多的潜在市场。

第2章
纺织行业余热现状分析

2.1 化学纤维制造行业余热现状
2.2 棉纺织行业余热现状
2.3 印染行业余热现状
2.4 服装行业余热现状
2.5 热交换技术与热泵技术的差异

纺织行业用热主要采用蒸汽的形式，大型纺织企业采用燃煤锅炉供应蒸汽，园区采用供热管道进行蒸汽的传输。在实际蒸汽使用中，25%~30%的蒸汽会在生产和输送中损失掉，部分工艺中损失的热量更高。除了服装行业外，其他纺织行业在生产过程会产生较大量的余热，据调查，已回收和利用的余热仅占余热总量的10%~40%，而且大多数是利用热交换器进行回收，热量回收效率低。本章将聚焦纺织行业各细分行业余热的现状，分析热泵应用的潜力。

2.1 化学纤维制造行业余热现状

2.1.1 纤维素纤维行业余热现状

本节以黏胶纤维为例来介绍纤维素纤维行业的余热现状。在黏胶生产过程中，酸浴和水洗需要消耗大量的蒸汽和冷却水。目前，酸浴是采用十四效蒸发器，为节省能耗可以考虑更换为热泵，而热泵的使用需考虑设备的耐酸程度。黏胶生产的余热回收和利用主要是集中在废水回收工序。利用高温废水通过换热器加热淋浴水或利用板式换热器有效回收废水中的热能，热能利用可达到60%以上。

在黏胶生产中，以蒸汽作为能耗占总能耗的65%，以电力作为能耗占总能耗的35%。原液制备过程需要105℃的热水，一般情况下用蒸汽加热热水得到，此处，也可采用热泵加热热水。图2-1是黏胶生产中余热回收示意图。

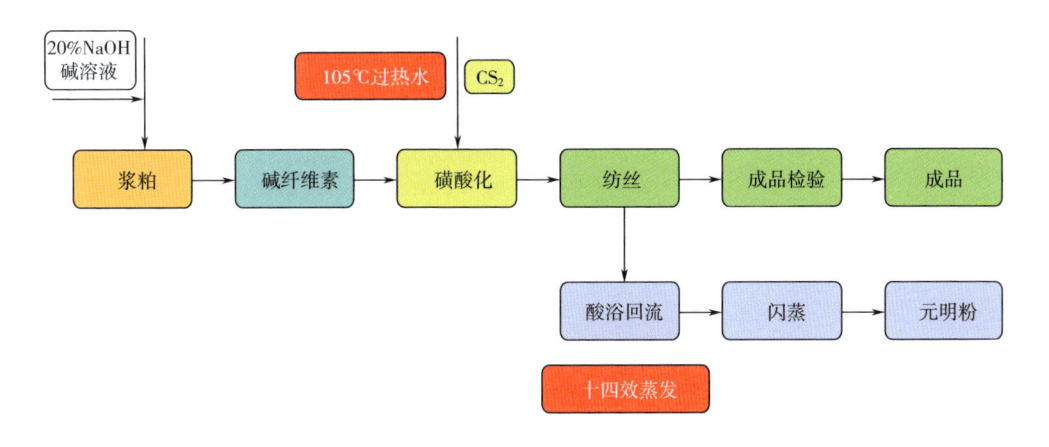

图2-1　黏胶行业余热回收示意图

2.1.2　合成纤维行业余热现状

2.1.2.1　聚酯纤维

在化纤生产工艺中，PTA氧化阶段、聚酯酯化阶段、熔体直纺阶段和切片纺阶段等均有用热需求，需要大量的蒸汽。而蒸汽的应用伴随大量的热量损失（图2-2）。据调研，聚酯企业中酯化阶段所用蒸汽占企业能耗的30%，由此可推测，化纤行业酯化阶段蒸汽量消耗的标煤将达到每年632万吨。

聚酯纤维行业余热回收一般采用换热器或进行发电或进行溴化锂制冷。熔体直接纺丝热媒加热系统，将聚酯生产过程中使用的一次热媒，通过液相输送到纺丝车间并就近闪蒸成饱和热媒蒸

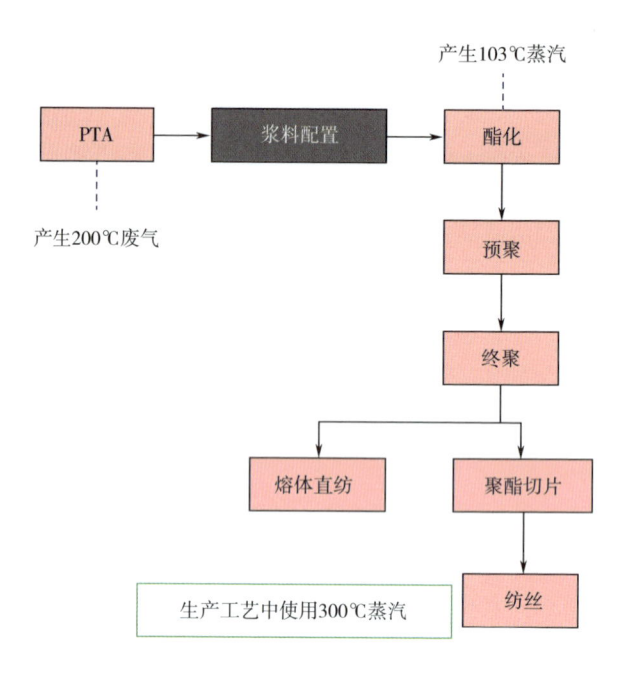

```
产生103℃蒸汽
                              ↓
  ┌─────┐    ┌────────┐    ┌─────┐
  │ PTA │───→│ 浆料配置 │───→│ 酯化 │
  └─────┘    └────────┘    └─────┘
     ┊                        ↓
  产生200℃废气                ┌─────┐
                             │ 预聚 │
                             └─────┘
                                ↓
                             ┌─────┐
                             │ 终聚 │
                             └─────┘
                              ↙    ↘
                     ┌────────┐  ┌────────┐
                     │ 熔体直纺 │  │ 聚酯切片 │
                     └────────┘  └────────┘
                                      ↓
                                   ┌─────┐
  ┌──────────────────────┐         │ 纺丝 │
  │ 生产工艺中使用300℃蒸汽 │         └─────┘
  └──────────────────────┘
```

图2-2 聚酯行业余热回收示意图

汽，通过控制阀组直接对纺丝箱体和熔体分配管道进行加热，最后将热媒冷凝液送回热媒炉循环使用。以年生产20万吨直纺涤纶长丝为例，可每天节约电耗3.12万千瓦时。

切片纺涤纶长丝余热回收利用技术。螺杆间的温度较高，冬天平均温度在40℃左右，回收后用作工艺空调的热源。以年生产4万吨功能性、差别化涤纶长丝为例，采用余热回收利用技术可每年节约标煤2073吨。

聚酯酯化塔顶蒸汽废热利用。通过增加换热器将生产中产生的部分废水，在用冷却水冷凝成液体前抽出去，靠这些低品质蒸汽的蒸发潜热将进第一酯化釜的浆料从30℃加热到95℃，减少循环冷却水的用量，对反应原料进行预加热。按全年35万吨产量计算，将节约标煤1267吨。回收聚酯酯化塔顶余热还可用于发电，将塔顶蒸汽用循环水冷却，循环水吸收塔顶蒸汽的热能被加热，并在汽包中生成蒸汽，蒸汽继而膨胀发电，实现余热回收。以20万吨聚酯正常生产的酯化蒸汽，可年发电近400万千瓦时，节约标煤1350t。

热媒炉热管蒸汽发生器。在热媒炉尾部烟道布置热管蒸汽发生器，回收烟气余热。烟气经过发生器后，排烟温度由380℃降至250℃，热管蒸汽发生器内软水温度由60℃提高至180℃，并生产1t/h的1MPa饱和蒸汽。

冷冻、冷却循环系统改造。对聚酯装置进行技术改造，使酯化蒸汽热能化为热水型溴化锂制冷机制冷时所需的能量，继而形成冷冻水用于其他降温制冷工序。

2.1.2.2 锦纶

锦纶行业余热回收示意图如图2-3所示。

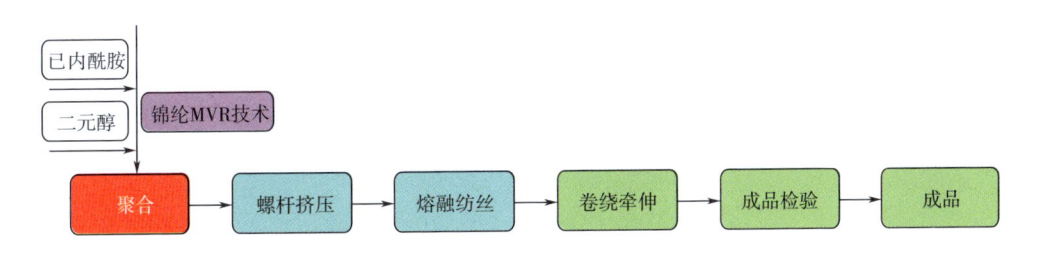

图2-3 锦纶行业余热回收示意图

锦纶6聚合MVR（机械式蒸汽再压缩）技术是重新利用自身产生的二次蒸汽能量，减少外界能源需求的节能技术，可将低温蒸汽经压缩机压缩，转化成高温高压的蒸汽，再作为蒸发器的热源。在锦纶6聚合中，主要利用该技术对回收系统萃取水及其浓缩液进行加热，充分回收和利用二次蒸汽的潜热将低品二次蒸汽通过压缩机压缩产生高品热源。该技术节省了一次蒸汽消耗，总能耗只有普通三效萃取水蒸发的三分之一，节能效果显著，已在福建、江苏、浙江等部分锦纶6聚合企业应用。热泵通常采用封闭循环，工质在循环中经压缩和膨胀来改变温度，开放循环的机械蒸汽再压缩（MVR）技术也被称为开式循环蒸汽热泵，其余热本身经压缩来升温，输出温度高于160℃时，MVR技术成熟度更高。

2.1.2.3 腈纶及碳纤维

腈纶及碳纤维行业余热回收示意图如图2-4所示。

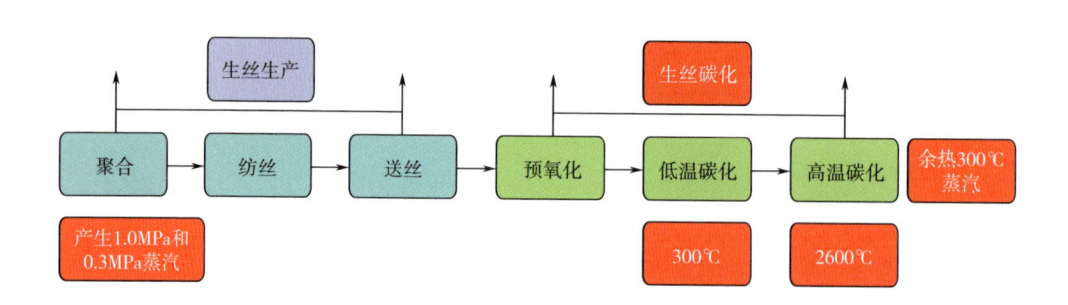

图2-4 腈纶及碳纤维行业余热回收示意图

腈纶生产高压装置会产生1.0MPa和0.3MPa蒸汽，通过项目改造，将0.3MPa蒸汽通过压力匹配器增压，混合后变为过热蒸汽，压力可提高到0.4MPa，满足腈纶生产。生丝碳化过程中，低温碳化温度需要达到300℃，高温碳化温度需要达到2600℃，副产物为300℃的蒸汽。

2.2 棉纺织行业余热现状

棉纺生产消耗的能源主要为电力和蒸汽,其中织机是消耗电力最多的生产工序,而浆纱工序需要使用大量蒸汽。细纱车间产生大量的热,可将热量用于前纺供暖。棉纺织行业余热回收示意图如图 2-5 所示。

织布车间浆纱调浆时,需使用大量热水。余热可用于调浆系统,如改造供热水管道,将热水通至织布车间调浆室,作为调浆用热水。原先浆纱调浆时加入的先是凉水,再用蒸汽将其加热到一定温度,若将空压机置换的 55℃ 热水输送到调浆室后,可以减少蒸汽的使用量。

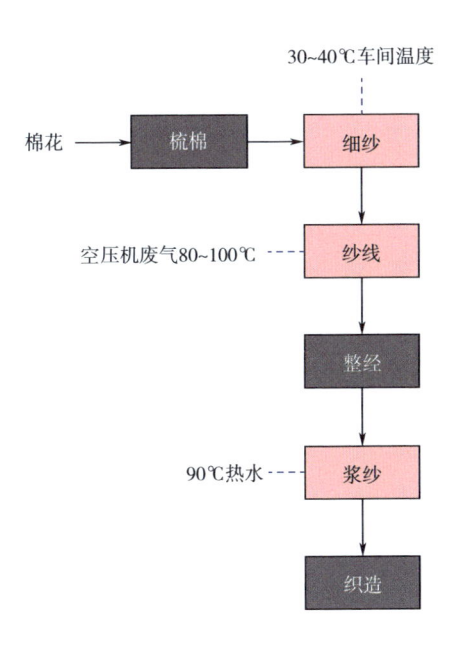

图 2-5 棉纺织行业余热回收示意图

棉纺余热用于加热澡堂用水等生活用水。空压机排热温度为80~100℃，通过改造空压机排热系统，可将风冷空压机增加水冷系统，然后利用水换热原理，将澡堂等生活用水加热到55℃，用水泵加压至澡堂等，混合后供职工使用。

棉纺余热余压回收。纺织空压机运行时将大量的电能转化为热量，细纱车间地排热风给前纺分级室供暖，前纺车间采用滤尘管道连接至分级室，可实现热量回收利用。

2.3 印染行业余热现状

印染行业中用能主要是蒸汽和电力，大型印染厂或印染园区采用热电联产提供蒸汽和电力。印染企业所用蒸汽占全部用能的70%左右，其中60%的热能被用于烘干和染色，30%的热能被用于前处理和后整理。然而热能的利用往往伴随大量的损耗，印染重点设备的热效率普遍不高，如定形机所用热用中有效热能仅占总加热量的30%左右，其中废气排放损失约占60%。虽然设备制造商也在进行余热回用，但目前定形机高温废气余热回用仍是行业亟待解决的难题。

在印染生产工艺中，退浆、煮练、漂白、染色、水洗、烘干等工艺均有用热需求，需要大量的热水与蒸汽。退浆、煮练、漂白、丝光、染色、印花、整理等工序大多主要排出大量的高温废水，定形和烘干工序排出高温废气。棉纺印染、化纤印染、机织印染、针织印染，因原料不同，其加工工艺不同。印染行业余热回收示意图如图2-6所示。

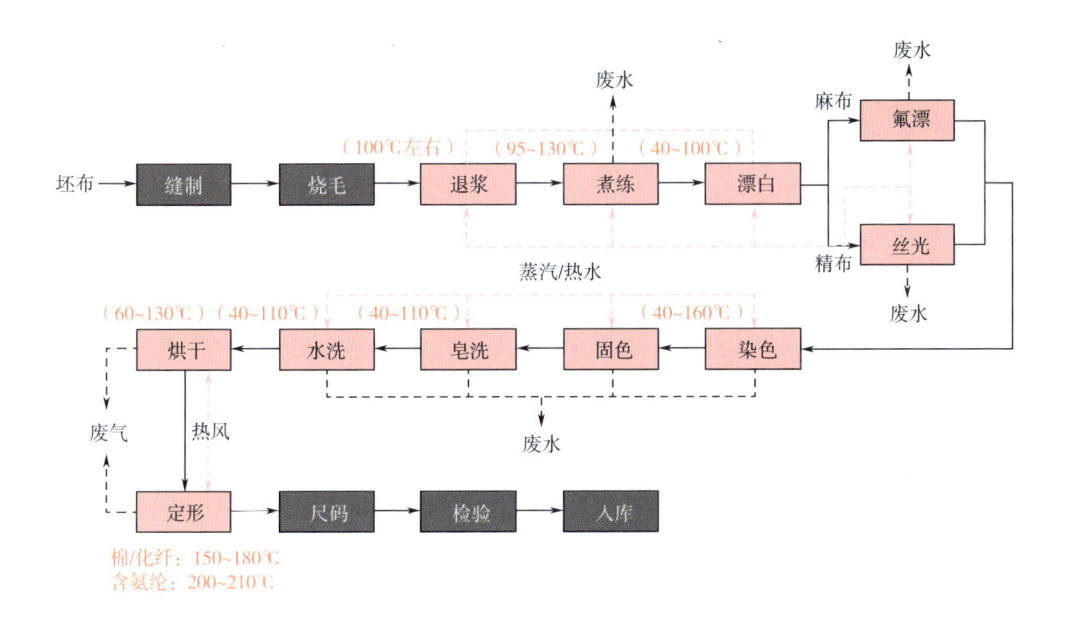

图2-6 印染行业余热回收示意图

印染生产过程，有大量温度高于50℃的废水余热没有回收利用，如，中压蒸汽在定形后产生的冷凝水温度高、水量大，高温染色后的热废水，部分水洗后的热废水等。目前的热泵技术在高温废水余热回收方面的应用仍需加强，如果应用回收效率更高的热泵技术回收高温废水的余热，并将回收的余热用于染整生产过程，将会极大降低印染生产的能耗。同时，印染行业定形机废气的热回收也在热泵应用的考虑范围内，但由于定形机废气中含有的多种物质需净化处理后才能进入热泵系统，目前定形机废气的热泵应用还在示范推广阶段。

纺织类工业园也可以在适当的情况引进其他行业企业，提高资源综合利用的水平。例如，纺织印染行业与化工行业相互之间可以通过热泵技术进行余热、废水的相互利用；纺织印染行业也可有效利用食品饮料行业的废水。通过园区资源综合利用达到减污降碳、协同增效。

印染行业可回收利用的余热见表2-1。

表2-1 印染行业可回收利用的余热

序号	种类	特点
1	冷凝水	水质好，温度在80℃以上，可直接使用
2	冷却水	水质尚好，水量大，水温变化幅度较大，可直接使用
3	高温废水	水质差，水温在55℃或以上，不可直接使用
4	定形废气	量大，温度变化大，在140~210℃，不可直接使用
5	定形乏汽	汽水混合物，温度较高，变化大，可以直接使用

据调研，企业将余热回收后，由于余热温度不高，不能达到再次利用的要求，故部分余热回收后并未进行利用，需要寻找新的技术来提升余热的温度。印染行业可使用的余热形式有蒸汽、热水和热风；可使用余热的设备有密闭式染色机、开敞式水洗槽和定形机等；可使用的余热温度有高于200℃蒸汽、140℃左右蒸汽和130℃左右蒸汽等。

当前纺织印染行业更多采用换热器实现余热回收，例如污水余热回收项目就是利用热交换器回收污水中的热能。高温污水进入回收管网，经两层过滤后再经泵送入热交换机组，使之与工艺软化水进行热交换，预热工艺软化水，达到节约蒸汽的目的。图2-7所示为一个使用换热器的高温废水余热回收系统。

图2-7 高温废水余热回收系统（换热器）

溢流染色机高温废水余热回收系统是将染色机排出的高温废水通过热交换器，加热新鲜水，回收热量，加热后的新鲜水储存到水罐中，以便后续使用。图2-8所示为溢流染色机高温废水余热回收的工艺流程图。

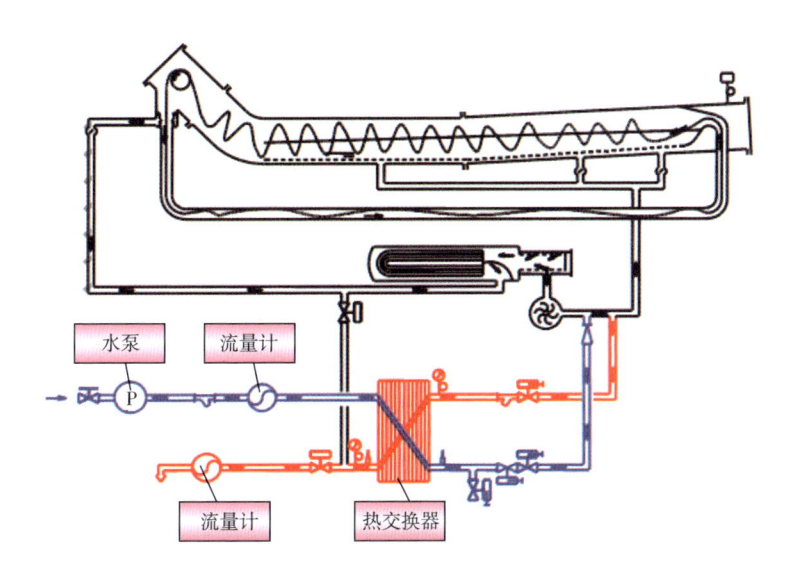

图2-8 溢流染色机高温废水余热回收（换热器）工艺流程

定形机废气热能回收利用。定形机烘房排出的烟气温度高达170℃左右，为了能将热废气中的热量进行回收，在排气管道中安装热交换器，将新鲜的水与废气在热交换器中发生热交换，预热新鲜水，经过预热的新鲜水再使用到需要热水的机台。采用热能回收—喷淋洗涤—静电除尘三级处理工艺进行废气余热回收到净化，采用喷淋洗涤—湿式高压静电除尘技术的一体化净化塔作为核心设备。该方法协调处理拉幅定形废气处理中的环保、节能和安全三者关系，高效回用烟气中的废热和废油脂，该方法可解决热泵在定形机余热回收应用过程中的堵塞问题。图2-9所示为定形机高温废气余热回收的工艺流程图。

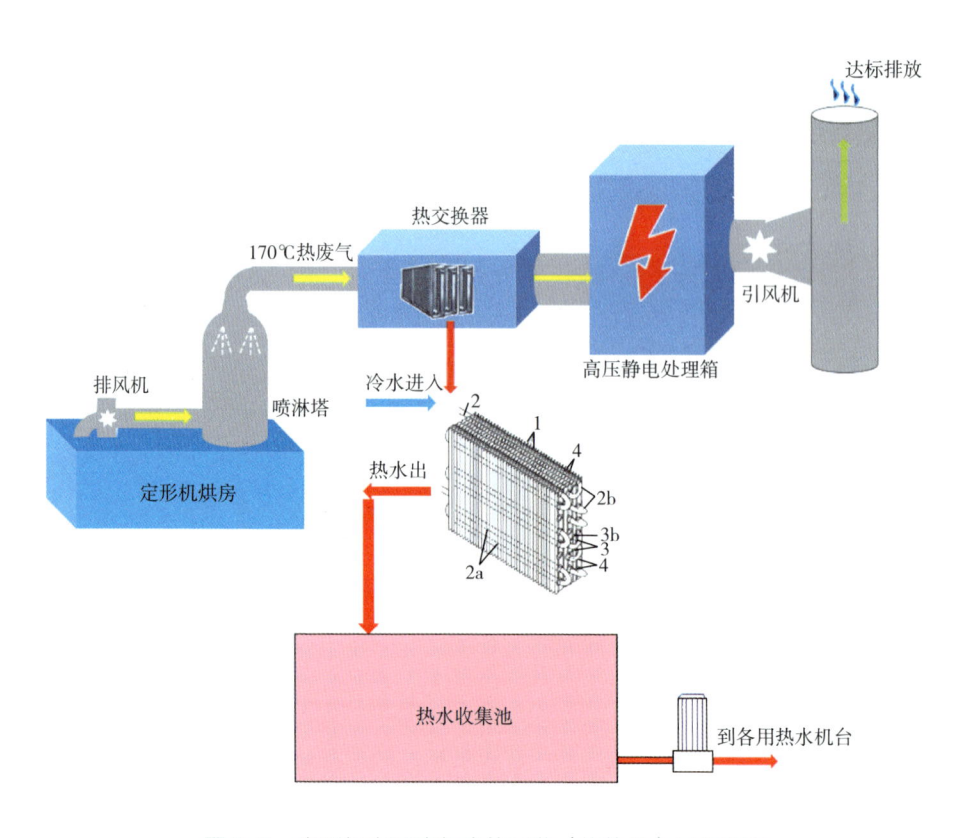

图2-9 定形机高温废气余热回收（换热器）工艺流程

2.4 服装行业余热现状

在服装生产过程中需要熨烫，熨烫过程中需要大量的蒸汽，这是用能的关键工序。目前，部分服装企业采用管道输送蒸汽，采购10kg压力的蒸汽，经过一次和二次减温减压用于工艺中，达到4kg压力的蒸汽作为熨烫台所需蒸汽。由于生产过程中，熨烫设备一直保持开启状态，实际使用中产生大量蒸汽的浪费。服装行业余热回收示意图如图2-10。

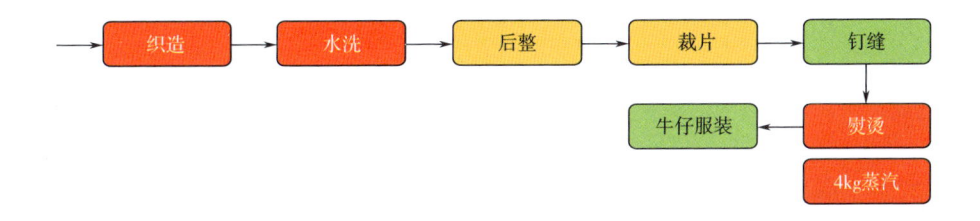

图2-10 服装行业余热回收示意图

图2-11所示为一家服装企业熨烫工序现场照片。

图2-11 服装企业熨烫工序现场

调研中，有一家服装企业利用地热作为热源，利用热泵产生水，并用于中央空调调节温度，从而达到逐级节能及温度控制。该项目充分利用可再生资源，不产生任何废气、废水、废渣，节能率高达30%以上，比传统空调系统运行效率高40%以上。同时，能做到一机多用，可供暖、制冷和供热水；机组寿命长，运行及维护费用低，自动化控制高。该项目的地源热泵中央空调用电量约为106万千瓦时，较其他形式中央空调可以节省电量约58.29万千瓦时，减少二氧化碳排放量371.89t，减少二氧化硫排放量17.49t。图2-12所示为该服装企业地源热泵系统照片。

图2-12　服装企业地源热泵系统照片

利用地热并结合热泵技术，由中央空调机组制备生活热水也是一项显著的节能项目。根据用水定额进行估算，住宿人员按250人预估，热水定额30L/人/天，则日总热水用量为7.5m^3。初始水温按20℃计算，加热至45℃，则总热水负荷为218kW。夏季使用按120天计算，若是电锅炉，效率按95%计算，则总耗电量为24852kW·h。电费按0.85元/kW·h计算，则总电费为21124.2元。而使用地源热泵技术将节省该费用，经济效益可观。

2.5 热交换技术与热泵技术的差异

热交换技术就是通过换热器将高温含余热的介质加热低温介质，加热后的低温介质获得热能，再用于生产或其他用途。目前，纺织行业常用的余热回收设备是热交换器，包括液—液交换、气—液交换以及气—气交换。热交换技术和热泵技术都可以用于余热回收，但是两者在许多方面仍有较大的差异，具体可见表2-2。

表2-2 热交换技术与热泵技术的比较

序号	项目	热交换技术	热泵技术
1	使用目的	回收余热	回收余热
2	获得的热源	低于余热源温度	可高于余热源温度
3	输出热源温度的稳定性	不确定	稳定性好
4	热回收效率	较低	较高
5	设备的组成	较简单	较复杂
6	运行控制	自动化可控程度低	自动化可控程度高
7	设备投入	较小	较大
8	投入回收期	较短	较长

由表2-2可见，热交换技术和热泵技术都是用于余热回收，但是两者在热回收效率、输出热源温度的稳定性、设备的组成、运行控制、设备投入和投入回收期等方面存在差异。企业在节能减排工作开展的初期，运用热交换技术回收部分的余热是值得推广和鼓励的，也使节能工作深入了一步。随着节能降碳工作的深入，对热能的回收和利用应该有更高的要求。热泵技术的发展和普及，为进一步提高热能利用效率提供了技术途径，应该鼓励企业使用热泵技术，而不是仅停留在热交换技术层面。

第3章
纺织行业热泵技术应用目录和案例

3.1 纺织行业热泵技术应用目录
3.2 纺织行业热泵技术应用案例

3.1　纺织行业热泵技术应用目录

纺织生产中会产生大量的余热，这些余热往往直接排放，造成热量的浪费。采用余热利用技术，充分回收余热中的热能，经过热泵机组的提升，最终产生更高温度的热源并应用到生产工艺中。纺织行业热泵应用多是来自余热，系统消耗电能驱动热泵机组工作，可将余热根据生产工艺需求转化为热水，溶剂回收，蒸汽可用于发电等。在纺织行业中，热泵技术在100℃以下的应用比较成熟，但纺织行业对于温度的要求主要是100~200℃，在本次调研的企业中也有应用，目前处于推广示范阶段。热泵在不同细分行业的应用有所不同，化纤行业主要应用于发电和溶剂回收；印染行业主要应用在热水和蒸汽；棉纺行业主要应用在热水和制冷；服装行业主要应用在蒸汽的制备。

根据前期调研，同时面向全社会征集2024年纺织行业余热利用优秀案例，进行资料汇总，得到纺织行业热泵技术应用目录，见表3-1。入选的热泵技术的水平先进、适应性强，具有推广前景，可带来较好经济、环境和社会效益。技术分为应用类和推广类，应用类指国内领先、具有行业引领作用和市场应用前景、已实现产业化应用；推广类指节能经济性好、推广潜力大、应用稳定的成熟技术。

表3-1 纺织行业热泵技术应用目录

序号	技术名称	技术简介	适用范围	节能效果（推广潜力和节能潜力）
1	冷凝水制取蒸汽回用技术	定形机冷凝水经过一次闪蒸后再利用，冷凝水为230t/天，冷凝水进水温度为130℃左右，需要制取150℃蒸汽回用	印染企业	可以制取1~1.5t/h蒸汽，制取每吨蒸汽费用可以控制在100元以内，年节约130万左右 项目回收期5年
2	定形机废气余热回收转制蒸汽回用技术	定形机烟气余热利用，定形机烟气余热140~150℃，余热利用产生蒸汽，同时将烟气排烟温度降低	印染企业	每小时可以产生1~1.5t 145℃蒸汽回用，制取每吨蒸汽费用为95~100元/t。年节约费用230万元（根据当地蒸汽价格而定） 项目回收期5年
3	印染废水余热回收再利用技术	废水余热利用，废水量300t/天，排放温度为50℃左右，改造后将废水温度降至25℃，制备55℃左右热水应用到染色工艺	印染企业	年节约蒸汽8520t，节电36万千瓦时 项目回收期2年
4	磁悬浮MVR碱回收技术	丝光机淡碱液回收利用	印染企业	淡碱液3~5°Bé，需要制取浓碱液23°Bé回用 节能效果：每吨水耗电量为35kW·h，不耗蒸汽，比传统多效节约60%以上 项目回收期2年
5	锦纶6聚合MVR技术	重新利用自身产生的二次蒸汽能量，减少外界能源需求的节能技术，将低温蒸汽经压缩机压缩，转化成高温高压的蒸汽，再作为蒸发器的热源	锦纶企业	该技术节省一次蒸汽消耗，总能耗只有普通三效萃取水蒸发的三分之一，节能效果显著 项目回收期2年

续表

序号	技术名称	技术简介	适用范围	节能效果（推广潜力和节能潜力）
6	脱硫液余热利用技术	脱硫液余热回收改造采用热能转换机组，回收脱硫塔循环液余热加热除氧器补水	黏胶行业	平流池沉淀降温后约50℃，为回收脱硫循环液余热，在脱硫塔循环液进入平流池前取热，通过热泵技术升温，热量传递至循环介质，利用升温后的循环介质加热除氧器补水，浆液温度下降5℃，每小时约节省蒸汽量2t 项目回收期2年
7	锅炉烟气余热利用技术	采用蓄热式溶液热泵装置，回收1台170t/h锅炉烟气余热加热锅炉补水	纺织企业	锅炉电袋除尘器之后烟温160~170℃，热量传递至循环工质，通过升温后的循环工质加热锅炉补水，烟气温度由160~170℃降至（90±5）℃，每小时约节省蒸汽5t 项目回收期2年
8	酯化蒸汽余热发电技术	通过传热工质与酯化蒸汽的热交换，驱动有机朗肯循环螺杆膨胀发电机发电	聚酯企业	20万吨聚酯装置正常生产的酯化蒸汽可年发电近400万千瓦时，年节约标煤1350t 项目回收期2年
9	绿色PTA余热发电与技术集成	PTA（对苯二甲酸）氧化过程中产生大量的温度处于185~200℃区间的尾气，尾气余热经充分利用后，再将尾气送至吸收塔回收PX（对二甲苯）及醋酸甲酯。高压吸收塔排出的低温尾气经催化燃烧后再次通过余热利用装置，最后排放	聚酯企业	与上一代余热利用技术相比，该技术综合能耗下降30% 项目回收期2年

续表

序号	技术名称	技术简介	适用范围	节能效果（推广潜力和节能潜力）
10	空压机余热回收利用技术	纺织空压机运行时将大量的电能转化为热量，利用热泵技术进行热水加热回用	棉纺行业	利用热泵技术，将澡堂用水加热到55℃，与冷水混合后供职工洗澡 项目回收期5年

注 项目回收期仅是预估，具体需根据项目实际情况进行计算。

3.2 纺织行业热泵技术应用案例

3.2.1 无锡夏利达印染废水余热回收项目

无锡夏利达漂染工厂主要用能为蒸汽和电力。该项目设计用6台热交换器、6台余热源高温热泵和4台余热源中温热泵，将提供70℃热水和50℃热水，供染色机使用。预计，在旺季7个月内（210天计），热交换器回收的余热量平均为583.4kW/h，约合0.83t蒸汽/h；在淡季4个月（120天），热交换器回收热量340.6kW/h，约合0.48t蒸汽/h。热泵在旺季和淡季产生热量1532kW/h，约合2.19t蒸汽，年节约555万元。

理论上项目回收期为2年（图3-1）。

项目采用阶梯余热回收的方式，80℃、60℃和40℃的热水经回收后水接近常温。采用热泵技术和热交换技术配合的方式，高温废水采用热交换，低温废水采用热泵，保证系统整体能效。整个系统供应70℃和50℃的热水，代替了蒸汽加热水，减少了蒸汽消耗量。

图3-1　无锡夏利达印染废水余热回收系统

技术提供方：上海诺通新能源科技有限公司

3.2.2　江苏南通中邦磁悬浮MVR碱回收项目

南通中邦纺织科技有限公司主要用能为蒸汽和部分电力。改造前，生产线每天排放120t含浓度3.76%的NaOH溶液的废水，每年直接浪费碱约330万元。按照传统碱回收方式，每年至少需要9700t蒸汽，花费244万元，折合标煤1045t（图3-2）。

图3-2　江苏南通中邦纺织科技有限公司及其磁悬浮MVR碱回收系统

该项目将磁悬浮MVR蒸发浓缩装置安装在生产线旁，对废碱液进行过滤和浓缩，将合格的浓碱液回用到生产中。主要改造内容包括：现场土建施工、磁悬浮MVR蒸发浓缩装置安装、管路及其他相关辅助设备安装、仪器仪表安装、电气控制安装及系统保温等。整个改造项目的施工周期为30天。

磁悬浮MVR蒸发的能耗相当于蒸汽多效蒸发工艺的三分之一，降低了生产成本，减少了碳排放。磁悬浮MVR蒸发（浓缩）装置，与蒸汽多效蒸发工艺相比综合节能达66%以上，噪声降低20dB以上。该项目按每年运行7200h，电费价格0.8元/（kW·h），蒸汽价格250元/t，年回收碱节约548万元。

理论上项目回收期为2年。

技术提供方：山东双合节能环保技术股份有限公司

3.2.3 海安冠益纺织印染冷凝水转蒸汽项目

海安冠益纺织科技有限公司，主要用能为蒸汽和部分电力。改造前定形机生产线每天排放145~165℃的高温冷凝水230t，这部分高温冷凝水未经回收利用，全部排放，造成了大量的热能损失，同时生产线需要用蒸汽制备热水，每年至少需要18936.7t蒸汽，约花费473.4万元，折合标煤1281.4t。将一套印染余热（冷凝水）转蒸汽装置，安装在定形机生产线附近，对145~165℃的高温冷凝水进回收，每天制备0.32~0.5MPa的150℃饱和蒸汽。

该项目主要改造内容包括：印染余热（冷凝水）转蒸汽装置安装、管路及其他相关辅助设备安装、仪器仪表安装、电气控制安装及系统保温等。整个改造项目的施工周期为30天。

该项目应用CFQZ-1000A印染余热（冷凝水）转蒸汽装置，其标况下总功率为143.6kW，实测运行功率为139kW，每小时制备0.32~0.5MPa的150℃饱和蒸汽1.6~2.6t，按制备蒸汽量平均2.1t/h，每年运行时间7200h，电费价格0.7元/（kW·h），蒸汽价格250元/t计算，年节约蒸汽307万元。

理论上项目回收期为5年（图3-3）。

图3-3　海安冠益纺织科技有限公司及其印染冷凝水转蒸汽系统

技术提供方：山东双合节能环保技术股份有限公司

3.2.4　烟台业林纺织余热回收项目

烟台业林纺织印染有限责任公司主要用能为蒸汽和部分电力。节能改造前每天排放的废水约300t，排放温度50~60℃。该废水所含的热量约为750t标准煤/年。废水的直接排放，不仅浪费大量热能，而且排放废水温度高，影响废水处理，不利于废水的生化处理，同时，其他工序需要大量的热水，直接排放造成浪费。

在生产线旁安装一套工业用复叠式热功转换制热装置，把60℃

废水300t/d降温到25℃，改造后得到的是55~65℃热水280t/天。按每年运行时间7200h，电费价格0.7元/（kW·h），运行功率47kW，蒸汽价格250元/t，年节约蒸汽187万元。

理论上项目回收期为2年（图3-4）。

图3-4　烟台业林纺织印染有限责任公司及其余热回收系统

该项目主要改造内容包括：现场土建施工，安装了复叠式热功转换制热机组1套、过滤系统1套、污水箱1套、污水提升泵2台、电动阀以及相关的压力传感器和温度传感器等仪器仪表，并进行相应的管路改造和保温。工程建设占地面积约100m^2，整个改造项目的施工周期为30天。

技术提供方：山东双信节能环保技术有限公司

3.2.5　汕头龙凤印染厂定形机废气回收转蒸汽项目

汕头市龙凤印染有限公司是一家棉印染精加工企业，主要用能为蒸汽和部分电力。改造前定形机烟气余热为140~150℃，17台定形机烟气经净化处理后直接排放，导致大量热能浪费。该项目改造前主要通过园区集中供热输送25kg中压蒸汽供蒸汽定形机使用，蒸汽价格为330元/t。经该项目改造后在生产线旁安装热泵系统，每小时可以产生1~1.5t 145℃蒸汽，蒸汽制备费用为95~100元/t。年节约费用230万元。

理论上项目回收期为5年（图3-5）。

图3-5 汕头市龙凤印染有限公司及其定形机废气回收转蒸汽系统

技术提供方：汕头龙凤印染厂

3.2.6　台华锦纶6聚合MVR单体回收项目

锦纶6聚合MVR技术是机械式蒸汽再压缩技术的简称，该技术是重新利用自身产生的二次蒸汽能量，减少外界能源需求的节能技术，将低温蒸汽经压缩机压缩，转化成高温高压的蒸汽，作为蒸发器的热源。在锦纶6聚合中，主要利用该技术对回收系统萃取水及其浓缩液进行加热，充分回收和利用二次蒸汽的潜热，将低品位的二次蒸汽通过压缩机压缩产生高品位热源。该技术节省一次蒸汽消耗，总能耗只有普通三效萃取水蒸发的三分之一，节能效果显著。

已在锦纶聚合企业广泛应用。

理论上项目回收期为2年（图3-6）。

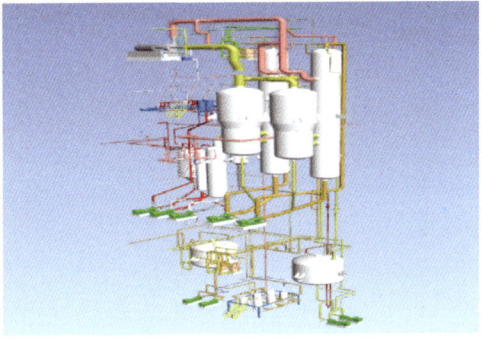

图3-6 台华新材料（江苏）有限公司及其锦纶6聚合MVR单体回收系统

表3-2为MVR系统技术指标。

表3-2 MVR系统技术指标

系统各主要介质指标	
浓缩液浓度	70%～85%
回收脱盐水单体含量	<0.05%
能耗指标（装置90%以上负荷运行条件下）	
电耗	≤25kW·h/t萃取水（浓度10%）
蒸汽（0.6MPa）	≤40kg/t萃取水（浓度10%）
循环冷却水	≤4t/t萃取水（浓度10%）
产能调整范围	
处理能力	产能调整范围为35%～100%

技术提供方：台华新材料（江苏）有限公司

3.2.7 新凤鸣酯化蒸汽余热发电项目

新凤鸣集团股份有限公司是全球排名前三的民用聚酯生产企业，主要用能为蒸汽和电力。聚酯合成工艺中，酯化阶段会产生0.07MPa、103℃左右的酯化蒸汽。以600t/天的聚酯生产装置为例，每天会产生约220t的蒸汽。在传统的工艺中，酯化蒸汽是通过空气冷却器冷却，需要消耗大量的电能；或者用于溴化锂制冷，但溴化锂制冷在冬天无法利用。使用朗肯循环发电装置利用有机工质低沸点特性，可在低温条件（80~300℃）下获得较高的蒸汽压力，并驱动发电机发电，从而实现从耗能冷凝到产能的转变。在聚酯年产量27万吨的情况下，实现每年334.7亿焦余热利用。也可采用将饱和水蒸气经过管道后引入ORC螺杆膨胀发电站，与冷媒介质进行热交换，使介质蒸发后驱动螺杆膨胀主机做功，驱动发电机发电，发完电后排出50~65℃热水，可供用户使用。改造后与空冷器并联一路热泵酯化余热发电设备，每小时可以额外产生280kW·h的电力，一套30万吨的聚酯装置可安装两台余热发电装置，年发电量接近245万千瓦时，年创收170万元。

理论上项目回收期为5年（图3-7）。

图3-7 新凤鸣集团股份有限公司及其酯化蒸汽余热发电系统

技术提供方：新凤鸣集团股份有限公司

3.2.8　新凤鸣绿色PTA余热发电项目

在绿色PTA余热发电与技术集成项目中，PTA氧化过程中产生大量温度处于185～200℃的尾气，尾气余热经充分利用后，再将尾气送至吸收塔回收PX及醋酸甲酯。高压吸收塔排出的低温尾气经催化燃烧后再次通过余热利用装置，最后排放。该技术将氧化和精制工段集成建设，取消了干燥机和辅助设施，采用余热锅炉回收氧化尾气的余热，驱动蒸汽轮机产生机械能，同时采用膨胀机回收催化燃烧尾气的余压和余热产生机械能，将蒸汽轮机和膨胀机产生的机械能用于发电。与上一代余热利用技术相比，该技术综合能耗下降30%。

理论上项目回收期为2年。

技术提供方：新凤鸣集团股份有限公司

3.2.9　台华空气源热泵冷热联供项目

台华高新染整（嘉兴）有限公司的锦纶印染、织造加工工序主要用能为蒸汽和部分电力。变频室温度较高，制冷量需求56kW左右。变频室全天运行24h，全年约运行320天，从节能减碳角度出发，需要能效更好的制冷方案。采用110kW空气源高温热泵热水机，替代原有的空调给变频室降温，同时制取80～90℃高温热水，由水泵送至14m外的水箱边，加热水箱里的热水。室内加装挡水板和接水盘，做好放水，通过管路把冷凝水和可能产生的渗漏排到室

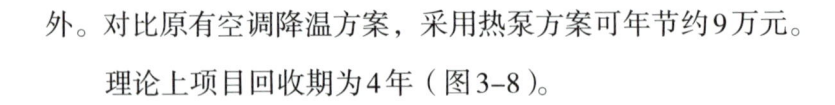

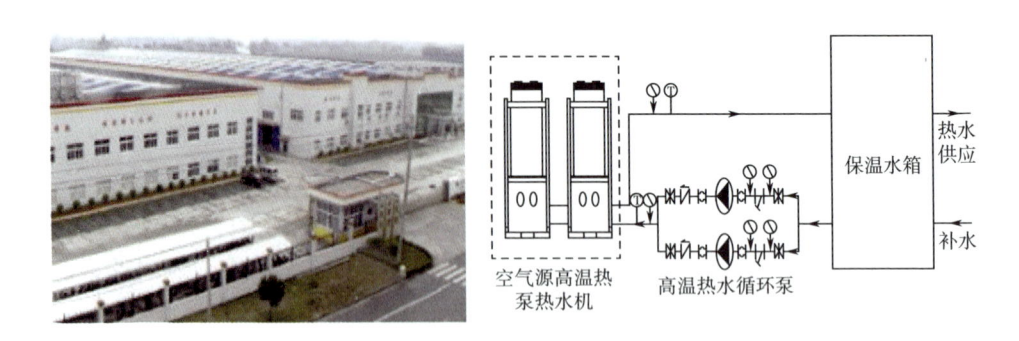

外。对比原有空调降温方案，采用热泵方案可年节约9万元。理论上项目回收期为4年（图3-8）。

图 3-8　台华高新染整（嘉兴）有限公司及其空气源热泵冷热联供系统

技术提供方：上海诺通新能源科技有限公司

3.2.10　经纬纺机节能供热项目

经纬智能纺织机械有限公司多年来先后使用了燃煤锅炉、燃气锅炉、城市小电厂热源供热，2021年根据市政府的总体安排取缔小电厂，供热由城市供热公司采用城市热电厂热源供热，企业各类用户管网混合一体，供热时间难以协调，无法独立控制，能源消耗、供热成本居高不下。

经研究发现电锅炉、天然气、空气能等绿色低碳采暖方式的运行成本主要由电、天然气能源消耗费用组成，其中，电加热供暖设备转化率为95%，天然气供热设备转化率为85%，空气源热泵热能效率为300%。通过空气源热泵采暖可大幅降低公司采暖费用。经纬智能纺织机械有限公司厂区、专件园区内车间空气源热泵供热改造，涉及厂房建筑面积79180.67m^2，折合供热面积209852.67m^2。依据车间布局,建设区域独立供热站14座,安装低温空气源热泵机组66台,按市政采暖成本达763.5万元,采用空气能采暖所用电费217.5万元,大幅降低了采暖费用。

理论上项目回收期为4年(图3-9)。

图3-9 经纬智能纺织机械有限公司及其节能供热系统

提供方:经纬智能纺织机械有限公司

第4章
纺织行业热泵未来应用场景

4.1 化学纤维制造行业的热泵技术应用
4.2 棉纺织行业的热泵技术应用
4.3 印染行业的热泵技术应用
4.4 服装行业的热泵技术应用
4.5 辅助生产设备的热泵技术应用

4.1 化学纤维制造行业的热泵技术应用

以黏胶为代表的再生纤维行业中，蒸汽能耗占65%，电力能耗占35%；可以采用热泵制备原液工艺中的105℃过热水；也可采用热泵替代酸浴中的十四效蒸发技术，但需要注意热泵设备的耐酸性。黏胶行业中可采用热泵的工艺段如图4-1所示。

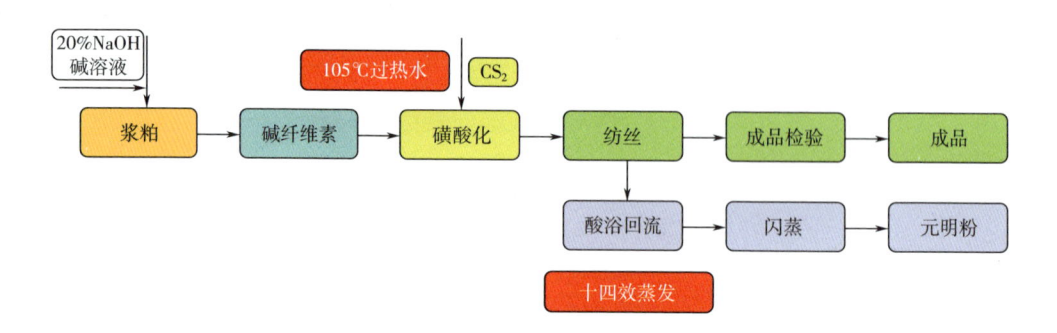

图4-1 黏胶行业中可采用热泵的工艺段

在碳纤维行业中，生丝碳化过程，低温碳化温度需要300℃，高温碳化温度需要2600℃，副产物为300℃蒸汽，可将副产物应用到生丝生产阶段。碳纤维行业中可采用热泵的工艺段如图4-2所示。

在化学纤维生产工艺中，聚酯纤维占80%左右的产量，PTA氧化阶段、聚酯酯化阶段、熔体直纺阶段、切片纺阶段等均有用热需求，需要300℃蒸汽，而蒸汽应用势必伴随大量的损失，可采用热泵技术可将余热应用到生产工艺中。聚酯行业中可采用热泵的工艺段如图4-3所示。

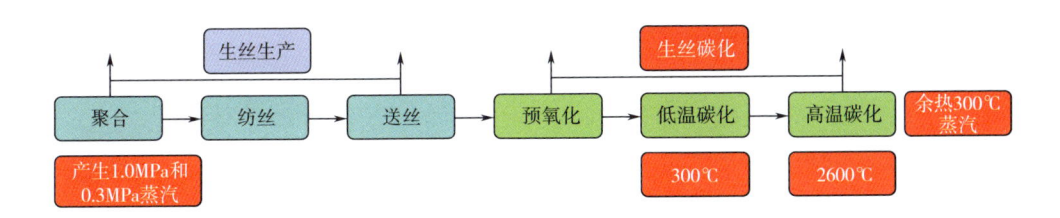

图4-2 碳纤维行业中可采用热泵的工艺段

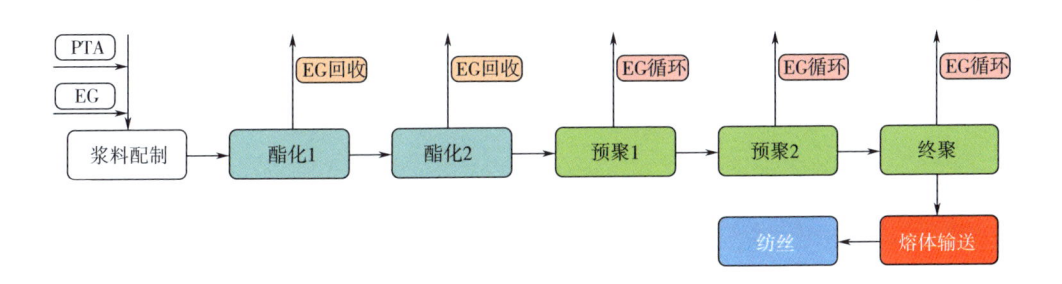

图4-3 聚酯行业中可采用热泵的工艺段

4.2 棉纺织行业的热泵技术应用

棉纺细纱车间、空压机废气可应用空气源热泵将设备的热能提取出来并应用于浆纱工艺段，目前常规工艺中调浆时加入凉水，未来有望使用热泵将调浆用水加热到一定温度或者通过将空压机置换的55℃热水输送到调浆室，可以减少蒸汽的使用量，实现供冷供热双联供。若棉纺织企业不包含浆纱工艺段，可将织造车间提取的热能用于生活热水，供职工使用。棉纺织行业中可采用热泵的工艺段如图4-4所示。

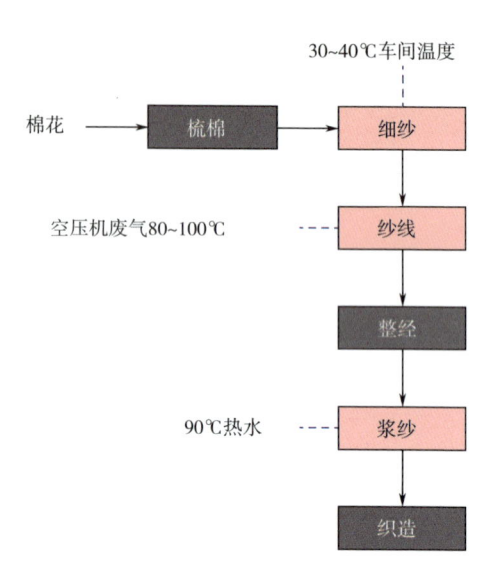

```
棉花 → 梳棉 → 细纱 ←---- 30~40℃车间温度
                ↓
              纱线 ←---- 空压机废气80~100℃
                ↓
              整经
                ↓
              浆纱 ←---- 90℃热水
                ↓
              织造
```

图4-4　棉纺织行业中可采用热泵的工艺段

4.3　印染行业的热泵技术应用

印染行业将是热泵大量应用的细分行业之一。在印染行业中，热泵可以用于各种温度的废水余热回收、烘干废气余热回收和定形机废气余热回收。目前，主要是应用于高温废水的余热回收，定形机废气余热回收还处于示范阶段，还有待进一步研究。烘干废气因温度较低，回收的经济效益较差，因此行业还未应用。同时，热泵技术能提供的热源温度还需进一步提升，若能达到240℃左右，将可覆盖印染生产所有的热能应用，实现整个行业能源结构的转变。印染行业中可采用热泵的工艺段如图4-5所示。

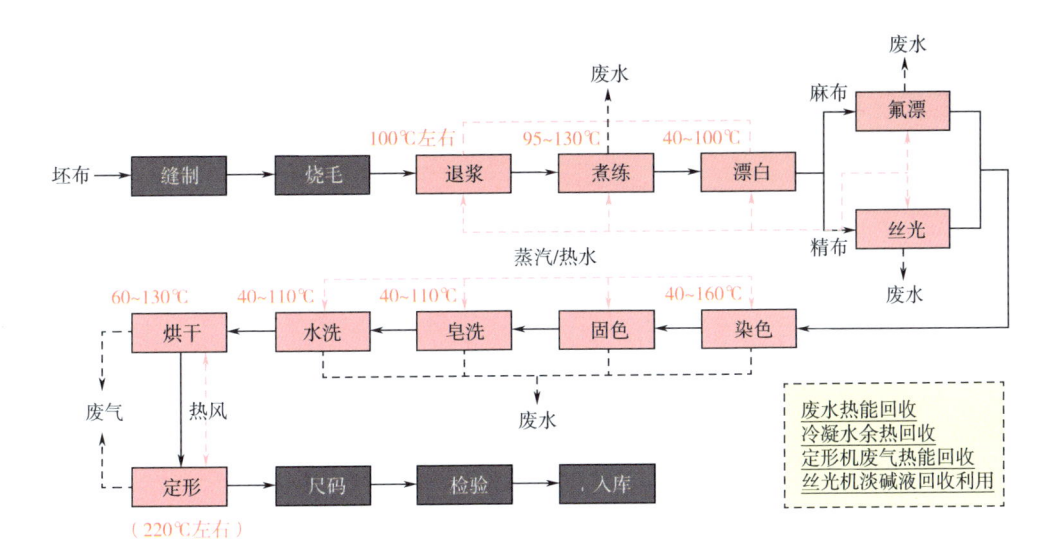

图 4-5　印染行业中可采用热泵的工艺段

4.4　服装行业的热泵技术应用

热泵在服装生产厂家的应用可以包括两个方面，烫熨和成衣水洗。服装行业未来可结合峰谷电价差，研发专门针对服装行业易于安装且小型化的热泵。服装行业中可采用热泵的工艺段如图4-6所示。

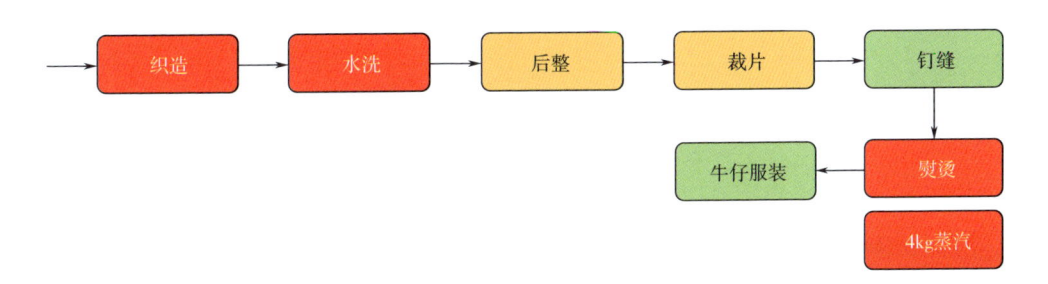

图 4-6　服装行业中可采用热泵的工艺段

在成衣水洗工艺中，如牛仔服装的水洗，运用热泵技术可以实现零碳生产。热泵在牛仔服装水洗上的应用如图4-7所示。

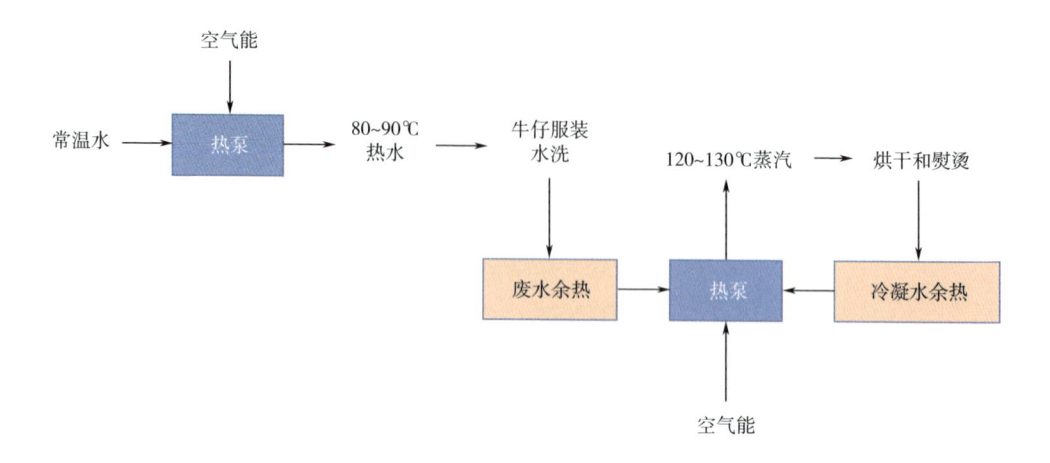

图4-7　热泵在牛仔服装水洗上的应用

从图4-7可见，在牛仔服装水洗工艺流程中不需要使用其他的热能，仅需要电力。如果所使用的电是来自太阳能发电，该工艺流程可认为是零碳工艺流程，为下一步推动零碳工厂建设提供可参考的样本。

熨烫后的冷凝水和乏汽利用热泵回收后再应用，将是未来极具潜力的方向。

4.5　辅助生产设备的热泵技术应用

在纺织生产中，不论是哪个细分行业，除了专用生产设备外，还需要有较多的辅助生产设备，也称为公用设施。常用的辅助设备有风机、空压机、水泵、锅炉、冷冻机、风冷机和污水处理设施等。部分辅助生产设备在运用过程中也会产生大量的余热，也是热泵未来可能应用的场合。

热泵在辅助生产设备中使用主要考虑以下几点。

一是，辅助生产设备产生余热的品位和状况。如果品位较低就没有回收利用的价值。

二是，如何使用回收的余热。因为大多数辅助生产设备所在位置离生产现场较远，如果不能就近使用，回收的价值将大打折扣。

三是，部分辅助生产设备的余热状况与生产过程中的余热回收和利用有很大关系。例如，风冷机是用于间接冷却水的降温，如果在生产过程已经回收和利用了间接冷却水的余热，风冷机基本上不存在再次使用热泵的可能。

通常，可考虑使用热泵的辅助生产设备有空压机、锅炉和废水处理设备。

4.5.1　空压机的余热回收利用

空压机是最常用的辅助生产设备之一。空压机在运行中，由于机械的高速摩擦产生大量的热，导致空压机整体和所处的环境温度升高。空压机温度升高导致产气量减少，使得能效降低。用空压机的余热作为热泵的低温热源，利用热泵技术可以获得较高温度的热水。如果控制好水的质量，该热水可以用于生产过程。空压机可回收和利用的热量与空压机的数量、额定功率以及空压机所处的环境有关。同时要注意的是，空压机产生的气的温度通常低于80℃，从空压机余热所获得的热量有一定的限度。

4.5.2 锅炉的余热回收利用

由于全国大多数纺织生产企业都要求入工业园区。入工业园区的企业基本上没有自己的锅炉，所需要的热能由园区统一供应，而在园区外的纺织生产企业能保留锅炉。锅炉根据产出介质分成蒸汽锅炉和导热油锅炉。蒸汽锅炉因为要使用水，通常余热回收的用途都是加热蒸汽锅炉的进水，使用热泵的空间较大；而导热油锅炉不需要有进水，余热回收后只能供给其他生产工序使用，因此导热油锅炉使用热泵技术的空间小一些。

锅炉还可以根据燃料的使用情况，分成燃煤蒸汽锅炉、燃油蒸汽锅炉和燃气蒸汽锅炉等。不同的蒸汽锅炉的余热形式不同，所含热量也不同，可回收的余热也不同。蒸汽锅炉中可回收的余热有烟气余热、排污水余热和煤渣余热等。蒸汽锅炉利用热泵技术回收各种余热，其主要用途是加热锅炉的进水，也可以将加热后的热水用于各个生产环节。

4.5.3 废水处理设备的余热回收利用

在纺织生产中，除了织造工序外，其他工序都会产生废水，而废水温度基本上高于室温或达到40℃以上。在进行生化处理时，废水的温度过高时处理废水生物酶可能会因废水温度过高而降低活性，进而将影响生化处理效果。因此，降低和控制废水的温度是废水处理过程中一项重要的工作。利用热泵技术，回收废水中的热量可以降低废水的温度，有利于废水处理。废水的量较大，且水温变化较大，具有较高的利用价值。回收废水的余热，通常用于产生热水。该热水可以用于干化污泥，也可以用于各个生产环节。

第 5 章
纺织行业热泵应用的经济和环境效益

5.1 纺织行业热泵 CCER 方法学的应用
5.2 纺织行业热泵的减排量
5.3 纺织行业热泵的经济性分析与对比

5.1 纺织行业热泵CCER方法学的应用

CCER（China Certified Emissions Reductions，中国认证减排量）方法学是一套用于评估、监测和认证中国企事业单位碳排放减少的项目方法。CCER方法旨在量化企事业单位在生产、经营过程中碳排放减少的效果，为企事业单位提供可交易的碳排放权。通过CCER方法学，企事业单位可以明确自身碳排放情况，制订碳排放减缓策略，降低碳排放强度，以实现高质量发展。

5.1.1 开展热泵CCER方法学研究的意义

在热泵技术推广过程中开展CCER方法学的研究具有重大的现实意义。

第一，热泵技术的应用大大减少了蒸汽的消耗。目前，大多数蒸汽的来源仍然是依赖于化石能源，减少蒸汽的消耗就是减少化石能源的消耗，即减少碳排放。开展CCER方法学研究就是要使碳排放量的计算规范化和标准化，避免混乱和随意性。

第二，当CCER方法学方法确定后，使用热泵产生的碳减排量就有可能在碳市场上交易，从而提高热泵使用的经济效益，有利于热泵技术的推广。

第三，使用热泵技术主要是消耗电力，热泵技术碳减排效果得到确认后，将有利于在热泵技术使用过程中使用绿电。这样将促进能源结构的变化，进一步促进碳减排工作。

5.1.2 热泵CCER方法学开发的途径

热泵CCER方法学开发的途径可以有以下几种。

一是，应用国家发改委已批准的CCER方法学开发热泵项目。这种开发方法具有成本低、周期短的优点。

二是，在已批准的CCER方法学基础上进行修改或偏离。

三是，开发全新的方法学，这需要向国家主管部门申请备案，提交该方法学及所依托项目的设计文件。这种开发方法周期长、手续多。

表5-1所示为部分得到国家发改委批准的具有一定参考价值的CCER方法学。

表5-1 已获批和可参考的CCER方法学

序号	编号	方法学名称
1	AMS-I.J	太阳能热水系统（V1.0）
2	AMS-Ⅱ.A.	供应侧能效提高——传送和分配（V10.0）
3	AMS-Ⅱ.B.	供应侧能效提高——发电（V9.0）
4	AMS-Ⅱ.C.	需求侧特定节能技术项目活动（V13.0）
5	AMS-Ⅱ.D.	工业设施提高能效和燃料转换（V10.0）
6	AMS-Ⅱ.I.	工业设施余能有效利用（V1.0）
7	AMS-Ⅲ.Q.	废气余热回收利用（V4.0）

5.1.3 热泵CCER方法学的内容

CCER方法学主要包括碳排放核算方法、碳排放减缓策略和碳排放评估与监测。碳排放核算方法主要包括排放因子法、能量消耗法和物料平衡法等，本书中涉及的核算方法是排放因子法。因具体的CCER方法学中关于纺织热泵的内容还未制定出来，理论内容可参考工业热泵的计算式，具体项目的计算建议按照未来制定出来的CCER方法学。

热泵可以通过电力驱动，从低温提取热能，在较高温度下释放。以纺织工业燃煤锅炉为参照，工业热泵的减碳计算式如下：

$$\Delta C = \frac{E \times EF_{\mathrm{coal}}}{\mu_{\mathrm{coal}}} - \frac{E \times EF_{\mathrm{HP}}}{\mu_{\mathrm{HP}}}$$

式中：ΔC ——年减碳量，亿吨CO_2e；

EF_{coal} ——碳减排因子，tCO_2e/GJ，煤炭的碳排放因子按照各地实际选取；

E ——热泵年供热潜力，GJ，电力碳排放因子取决于可再生电力占比；

EF_{HP} ——热泵碳排放因子；

μ_{coal} ——燃煤锅炉效率，85%；

μ_{HP} ——热泵效率，即热泵平均COP，3.275。

减碳量考虑非化石能源发电量占比为50%时，纺织行业节能减碳的潜力为0.52亿吨CO_2e。

继首批造林碳汇、并网光热发电、并网海上风力发电、红树林营造四个温室气体自愿减排项目方法学颁布后，煤矿低浓度瓦斯和风排瓦斯利用、公路隧道照明系统节能两个方法学目前正在征求意见。截至2024年7月，中国核证自愿减排量（CCER）累计成交量4.72亿吨CO_2e，累计成交额70.92亿元。CCER市场价格从2020年的10元/t左右，上涨至2024年7月的77.93元/t。未来热泵项目的开展及落地将与CCER方法学相链接，开展CCER方法学的研究及应用势在必行。

5.2 纺织行业热泵的减排量

与使用化石燃料的供暖系统相比，现有热泵系统大幅减少了温室气体的排放量，当前热泵的年排放量比燃气锅炉的年排放量低30%以上。使用热泵产生的温室气体减排，大部分是与生产热泵所需的电力有关的间接排放，所以电网脱碳可减少使用热泵产生的排放。项目调研过程中，与国家电网就热泵的推广应用进行沟通，并筹划共同合作推动整体的行业脱碳。以1000m^2车间、不同采暖方式进行对比分析，空气源热泵技术无废气排放、高效稳定，不仅安全可靠而且节能环保。以燃烧煤炭火力发电，每发1kW·h电排放CO_2 0.997kg、排放碳粉尘0.272kg、排放SO_2 0.03kg计算，全年可减排CO_2 10069.95t、减排碳粉尘2747.27t、减排SO_2 303.01t。按市政采暖成本算可节省763.5万元，按采用空气源能采暖所用电费算可节省217.5万元，大幅降低了采暖费用。表5-2所示为1000m^2车间采用不同采暖方式的对比分析。

表5-2　1000m² 车间采用不同采暖方式的对比分析

采暖方式	天然气供热	空气源能热泵	热电联供
1天能源消耗量	53.24m³	520kW·h	—
单价	3.98元/m³	0.45元/(kW·h)	—
热转化效率	85.00%	300.00%	—
1天1000m²耗能成本（元）	460.21	144.00	612.54
1个采暖期成本（元/m²）	55.23	17.28	91.88
以空气源能为标准的消耗成本（倍）	3.20	1.00	5.32

由表5-2可知，使用空气源能热泵具有显著的经济效益。

5.3　纺织行业热泵的经济性分析与对比

5.3.1　纺织行业热泵的经济性分析

进行经济性评估时，设定工业电价为0.7元/(kW·h)，工业燃气价格为3.8元/m³，热泵年运行时间为8000h，不同系统类型工业热泵机组售价预估见表5-3，表中热泵的售价仅作为经济型分析的计算依据，与实际的售价有出入。

表5-3　工业热泵机组预估售价

系统类型	单位售价[元/(kW·h)]
单级热泵	1000
复叠热泵	1500

续表

系统类型	单位售价[元/(kW·h)]
单级热泵+闪蒸	1200
复叠热泵+闪蒸	1700
单级蒸汽压缩	1000
双级蒸汽压缩	1500
单级热泵+闪蒸+单级蒸汽压缩	2200
单级热泵+闪蒸+双级蒸汽压缩	2800
复叠热泵+闪蒸+单级蒸汽压缩	2700
复叠热泵+闪蒸+双级蒸汽压缩	3300

纺织行业工艺过程中产生的余热往往需要冷却塔对其进行冷却，进而增大了处理成本，同时造成大量余热的浪费。如果对余热进行回收，将获得很好的经济价值。纺织行业利用废热水、废气余热制备热水、蒸汽的经济性分析见表5-4和表5-5。

表5-4 工业废热水源热水热泵性能与经济性分析

供热温度（℃）	COP	预期投资回收期（年）	循环类型
60	5.28	2	单级热泵
80	3.13	2	单级热泵

表5-5 工业废气源蒸汽热泵性能与经济性分析

供热温度（℃）	COP	预期投资回收期（年）	循环类型
150	根据工况	5	单级蒸汽压缩
160	根据工况	5	单级蒸汽压缩

5.3.2 纺织行业热泵与不同技术的经济性对比

根据伯克利实验室数据，100℃以下工业热泵是第二便宜的加热选项，其供热均化成本约为38美元/MWh$_{th}$（260人民币/MWh$_{th}$），足以跟热电联产技术竞争，并显著低于天然气锅炉或电锅炉，如图5-1所示。不考虑预估碳价，燃煤锅炉目前的供热均化成本最低；当考虑预估碳价后，工业热泵成为低温供热的最低成本选项。在为供热需求100~165℃，工业热泵的均化成本约为58美元/MWh$_{th}$（391人民币/MWh$_{th}$），而且成本可能随进一步的研究和开发而更低。

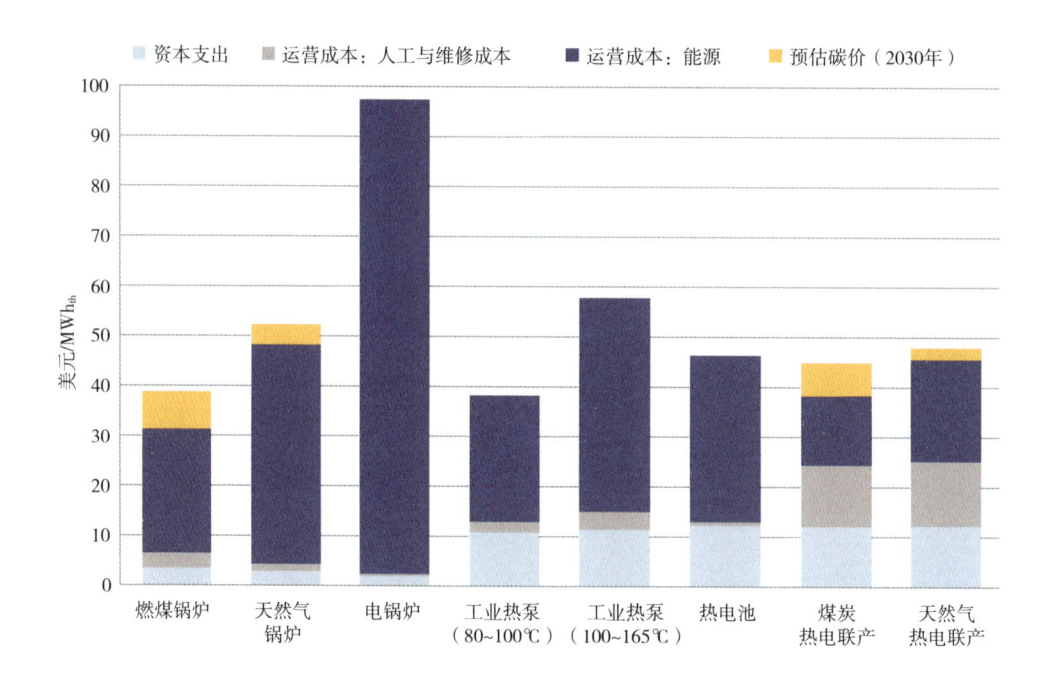

图5-1 工业供热均化成本（伯克利实验室数据）

纺织企业对不同能源成本与热泵技术成本的对比分析见表5-6。

表5-6 能源成本分析

能源	蒸汽	电	光伏电	天然气	标煤	热泵（水）	热泵（蒸汽）
单位	kg	kW·h	kW·h	m^3	kg	kW·h	kW·h
能量（kJ）	2444	3600	3600	9000	29260	3600	2444
换算系数	0.68	1	1	11	8.14	1	0.68
单价	0.24	0.7	0.56	3.4	0.92	0.56	0.56
成本（元/kW·h）	0.35	0.7	0.56	0.31	0.11	0.16	0.20
效率/COP	0.95	0.95	0.95	0.92	0.9	3.5	2.8

第6章
纺织行业热泵应用面临的挑战和政策建议

6.1 纺织行业热泵应用面临的挑战
6.2 纺织行业热泵应用的政策建议

作为工业低碳化发展的重要抓手，热泵技术已被写进国家级的相关政策中，如《"十四五"现代能源体系规划》、2022年《工业能效提升行动计划》、2024年《印染行业绿色低碳技术》等，但在纺织行业，还存在技术、政策、融资等方面的挑战。

（一）存在的问题

热泵在工业中的认知和宣传普及率较低，缺乏示范项目是当前面临的主要问题之一。鼓励热泵市场可持续增长的措施需涵盖近期和中长期行动目标，按照重要的时间节点进行分析，如2030年、2035年和2060年，并联合电网开展合作提高可再生能源电力在整体系统中的应用。

（二）发展目标

为实现工业热泵在纺织行业的应用，应明确不同发展阶段的目标。

近期目标（2025—2030年）：开展纺织行业共质量工业热泵示范项目的树立，宣传热泵解决方案；推进热泵与可再生能源系统协同应用，制定相应标准和规范；制定热泵与纺织工艺应用方案，规范安装、运行和维护流程。

中长期目标（2030—2035—2060年）：工业热泵大规模推广应用，成为提升电气化率的重要技术，成为100℃以内用热的首选设备；并在100℃以上开始进行规模化应用；完善电网与热泵技术峰谷电价机制；政府出台相应的鼓励政策，推动成熟技术应用和新技术的示范推广。

（三）纺织行业的供热脱碳

制订行动目标需明确纺织供热脱碳行业行动计划，包含各细分行业热力需求和热力来源、技术的普及推广措施、激励机制等。具体的行动计划将为纺织热泵应用设立目标，并促进设备商和纺织企业的合作，以及为政策制定者提供政策建议。党的二十届三中全会提出将能源强度转为碳强度，将一系列的降碳措施纳入国内碳中和"1+N"政策体系下，有助于政策衔接，解决碳排放增加问题。

相关利益方为推动纺织供热脱碳的政策建议如图6-1所示。

纺织企业

- 树立余热源热泵示范项目
- 宣传热泵解决方案
  2025—2030年

- 推荐热泵作为行业供热脱碳普及技术
- 推动绿色金融，助力行业应用
  2030—2035—2060年

纺织供应链

- 推进热泵与可再生能源系统共同应用
- 制定热泵减碳量化标准
  2025—2030年

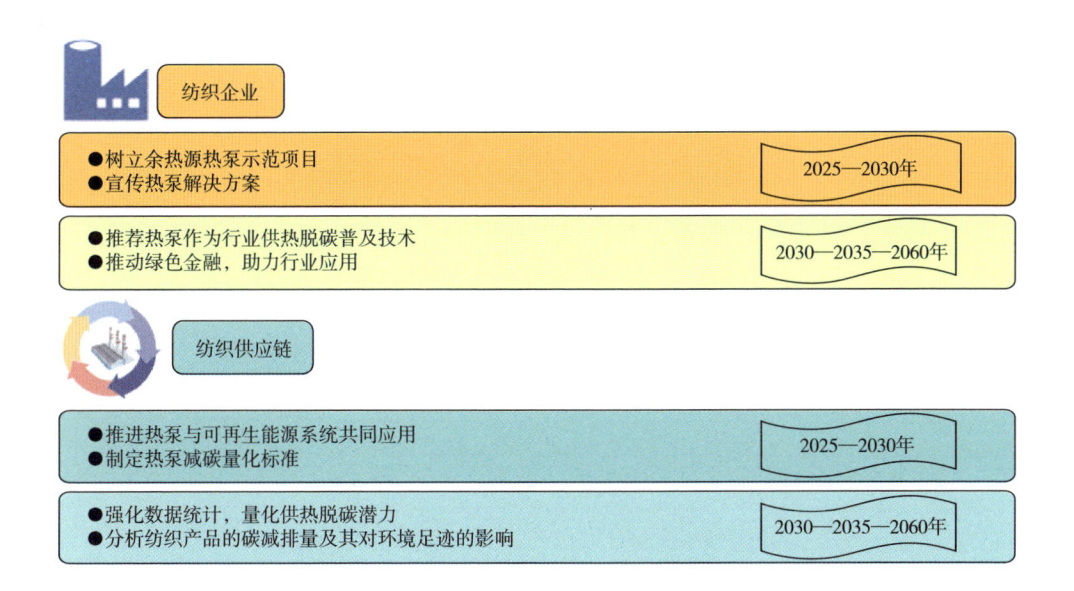

- 强化数据统计，量化供热脱碳潜力
- 分析纺织产品的碳减排量及其对环境足迹的影响
  2030—2035—2060年

图6-1

热泵企业

- 规范热泵安装、运行和维护的流程
- 匹配热泵与纺织工艺应用的方案

2025—2030年

- 突破热泵应用温度
- 降低热泵前期安装成本

2030—2035—2060年

电网

- 加强热泵项目互动能力建设
- 完善峰谷电价机制

2025—2030—2035—2060年

政府

- 出台热泵项目相应的鼓励政策
- 宣传推广热泵的应用

2025—2030—2035—2060年

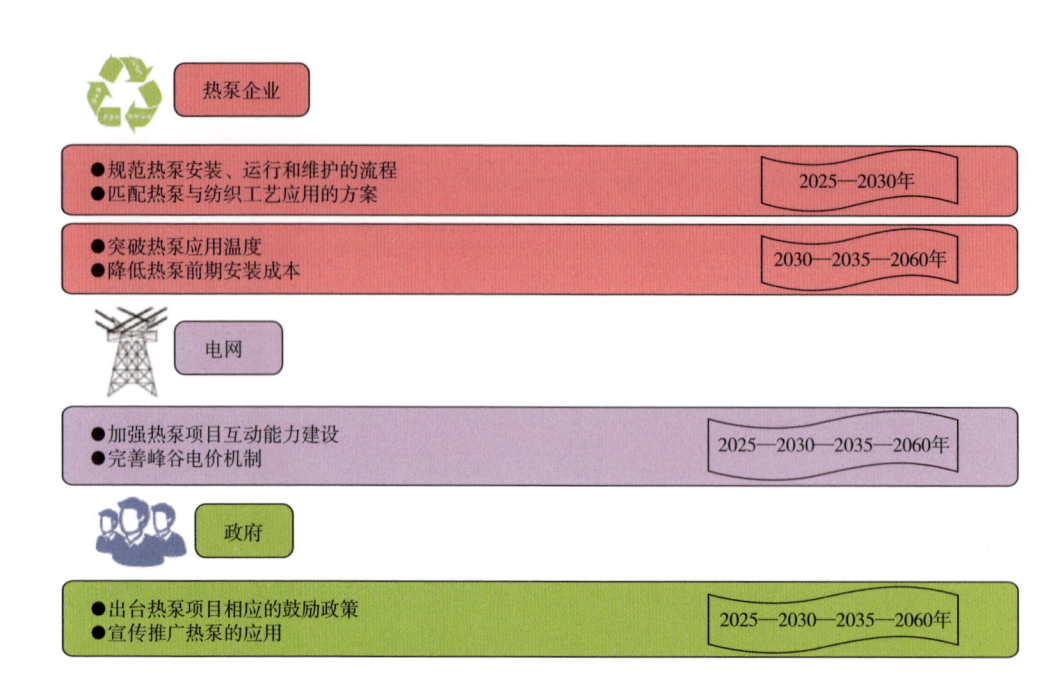

图6-1 政策建议

棉纺织、印染、服装行业各工序所需的热水和蒸汽温度范围在60~200℃，所需的工艺温度在热泵的可供热范围内。化学纤维制造行业各工序所需的温度在300℃以上，目前热泵的技术还不能满足要求。在热力需求上，预计未来对供热电气化需求将增长。尽管目前热泵装机量很低，预计之后将大幅增长。

6.1 纺织行业热泵应用面临的挑战

6.1.1 技术层面的挑战

热泵的制热性能系数COP随蒸发温度的升高而增大，对于空气源热泵,其蒸发温度随环境温度变化而变化,COP受气候的影响很大。有些热泵是用中温热泵把热水提高到80~90℃,然后以燃气锅炉加热产生蒸汽。虽然纺织余热资源的形式多种多样,温区范围广,来源广泛,但是在利用过程中存在以下问题。

一是,由于生产技术限制,生成的废热具有阶段性、不连贯性和波动性等问题,造成废热资源不稳定。

二是,由于工艺不同导致余热资源分布不均匀。

三是,采用新的装置回收余热时,会受到固有场地等限制。

四是,废热的热载体可能具有腐蚀性。

五是,热泵制造企业缺少对纺织典型工艺全流程能流的情况分析,换热前的预处理不充分,造成堵塞、腐蚀、结垢等现象,影响使用效率和寿命。如定形机废气余热回收过程中,废气中含有各种助剂、飞絮等,既有腐蚀性又会堵塞热泵口,喷水处理又降低了热能的回收利用量。

应根据不同热泵的温度适用范围、余热条件和需求,进行工业热泵的应用匹配。一是,当前缺乏应用准则,而且在余热回收利用的设备与系统方面,缺乏针对不同余热特点的指导性设计准则。二是,缺少适用纺织的热泵标准及项目减排量的计算。目前热泵的标准集中在设备、能效以及安装要求,全部为通用标准,并未专门针对适用纺织行业的热泵进行说明。同时在项目的温室气体减排量上也未有相应的标准规范,导致企业在计算项目减排方面没有依据。

6.1.2 经济层面的挑战

当前,由于企业对工业热泵的认识不足,而且与燃煤锅炉等替代品相比，运行价格不占优势；与燃气锅炉相比，投资成本较高，达燃气锅炉的六倍；与其他供热技术相比，热泵所需的空间更大，以现有机组为参照，1000kW的热泵重10t，平均需要17m^2的空间，而类似容量的燃气蒸汽锅炉重5t，平均需要6m^2的空间。在空间宝贵的工业生产中，或改造现有工业工艺时，热泵的尺寸对热泵的应用造成一定的挑战。

制约热泵技术在纺织行业应用的关键因素是示范和初投资。热泵初期投资较大，投资回收期长，平均投资回收期在5年左右，企业看不到近阶段成本的收回。一方面，中低度蒸汽技术成熟，高温蒸汽在同等情况下，纺织企业更愿意选择蒸汽；另一方面，企业对蒸汽的采购有限，如印染企业采用热泵最高也只能达到20%左右。同时有成本上的压力，降低生产端成本将对产品的最终质量有一定的影响。

6.2 纺织行业热泵应用的政策建议

6.2.1 拓宽技术应用面

纺织行业需加强顶层设计和规划以提高余热利用，如突出热泵应用的工艺，梳理纺织行业潜在余热回收案例，识别机会，出台节能降碳规划，并在整体规划中优先考虑热泵余热利用技术。

顶层设计和规划同时，相关方应制定纺织热泵余热项目的具体标准以及实施方案。

为支持这一举措，建议出台相应政策，并提供激励措施，扩大热泵应用于余热的规模。

建议出台有针对性的纺织行业热泵应用的技术指导目录，将目录中的技术与新建企业和园区形成联动，推动热泵技术在新建企业和园区的应用，如图6-2所示。

```
                        拓宽热泵应用面
                              │
       ┌──────────────┬──────────────┬──────────────┐
  加强顶层设计和规划，  相关方制定纺织热泵   出台相应政策    技术指导目录
   提高余热利用      余热项目关键内容
       │              │              │              │
     梳理案例        具体标准        激励措施        新建企业
       │              │              │              │
     识别机会        实施方案      扩大应用规模      纺织园区
```

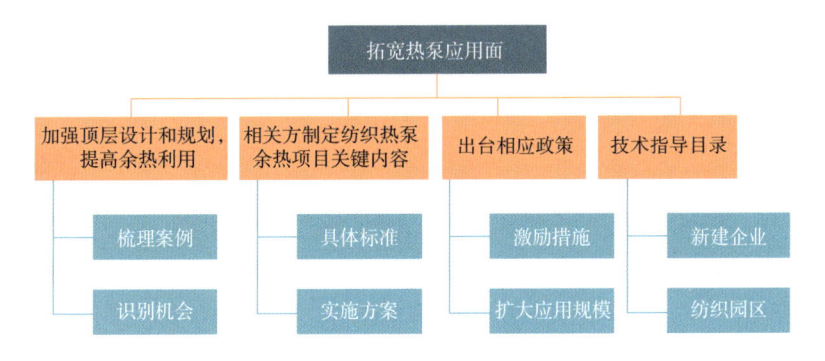

图6-2 拓宽热泵应用面

纺织园区中工业余热回收可用于管网的热力提升，园区可在设计和实施激励机制中将余热利用放入节能规划中，设定评级措施，奖励能效改进的项目，并开展宣传活动。推动热泵设备企业与纺织企业有效对接，解决实际应用中的问题，如定形机废气余热回收过程中堵塞热泵口的问题。与工艺相匹配，在现实场景中让生产工艺和设备运行负荷匹配到位。未来的研究方向是结合不同种类热泵形式及应用特点形成不同容量、不同温位热泵与热源侧、需求侧的匹配方案。

6.2.2 打造试点示范

技术的成熟性、工艺的稳定性、生产安全性、电力负荷供给等

也在考量范围内，技术要有系统性整合和系统创新，从系统的角度解决碳足迹整体的减碳情况。目前，纺织行业100℃以内的余热用热交换器实现回收应用，印染行业蒸汽温度在100～160℃的应用，推动高温热水热泵和蒸汽热泵在行业的应用将是纺织余热利用的发展方向，在真实场景中如何让生产工艺和设备运行负荷都能匹配到位，是示范应用需解决的关键问题。

鉴于将热泵应用于温度较高的工艺段具有挑战性，需要进一步开展研发和示范，最终扩大应用范围，并向潜在用户展示项目示范效果。项目从研发到制造再到终端用户，需要跨行业合作。纺织行业根据热泵在不同温度区间的技术可行性，在细分行业扩大热泵应用试点，建立试点示范工程，各纺织品牌和制造商在与各利益相关方合作时，优先考虑进一步开发、示范和推广，如图6-3所示。首先关注减排潜力最大、最直接的路径——高温热水和蒸汽热泵应用。建议相关部门、各品牌和金融机构为试点和示范工程提供补助和其他奖励措施，以鼓励纺织行业加快电气化进程，展示相关成功经验。此外，需加强工业热泵国际合作方面对于案例和政策的分享。

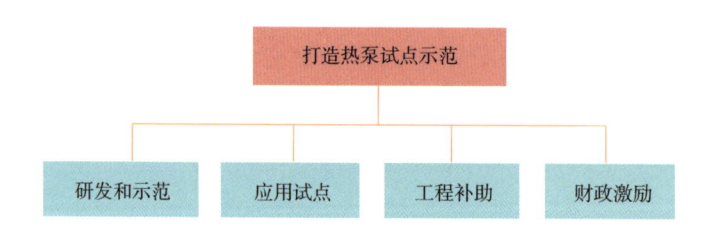

图6-3　打造热泵试点示范

6.2.3 绿色金融助力

尽管热泵技术的使用在初期需要投资大量资金，但从长期来看，节能潜力很大。随着技术进步和市场扩大，清洁电力等因素将降低热泵的平均成本，从而使热泵更具有竞争力。假设未来工业中实行碳价格，那么热泵将进一步增加节能的费用。考虑到部分热泵技术需要较大的资金用于研究和开发，同时部分成熟的技术投资回报期较长，建议设立用于研究和推广相关技术的基金，为减碳技术的研发、生产和推广提供一定的资金支持，将有利于促进纺织行业碳减排的工作。在提供资金支持方面可以有无偿资金资助、贴息、有偿资助或低息贷款等形式，必要时还可以采取入股分成等形式，从而形成基金会资金滚动式发展。

建议为安装热泵的用户提供电价减税，降低长期经营成本。

建议推动扶持性绿色金融政策的落地，比如热泵安装应用的合同能源管理模式，减少企业的初期投资，在实际使用过程中由设备厂、金融机构和企业共同分享企业的节能收益。

建议增加财政激励政策，比如降低可再生能源成本，征收增加化石燃料成本的碳税。须制定一套连贯的电力行业发展战略，此战略应关注众多行业和终端消费市场对可再生电力可能会快速增长的需求和争夺，以及随之而来的对额外可再生能源发电、额外储能和需量响应计划的需求。随着可再生能源发电量的增加，需要升级电网，以应对整体增加的清洁电量以及分布式可再生能源发电的需求，如图6-4所示。

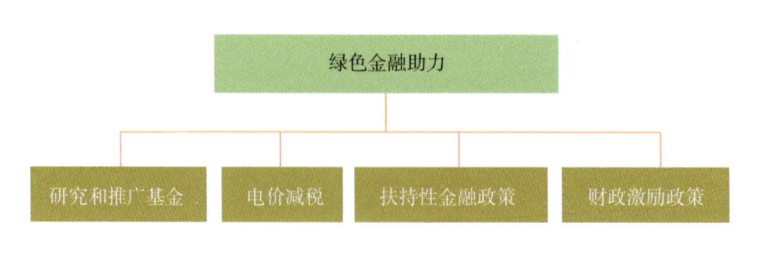

图6-4 绿色金融助力

6.2.4 加强宣传推广

开展以热泵技术应用为主题的宣传，将节能低碳理念与产业实践相统一，加大专业化节能推广力度，助推供需双方有效对接。围绕重点领域、重点设备持续深入开展节能服务进企业，创新产业发展新模式、新机制，传播节能降碳理念。制作和发布宣传材料，许多纺织行业工程师、工厂管理人员、服装品牌、金融机构和其他重要的利益相关方都没有意识到热泵在减少纺织和服装行业碳排放方面的潜力。针对这些利益相关方的宣传材料可以在改善政策和投资决策方面发挥重要作用，从而实现真正的二氧化碳减排。

建议在国内或国际会议上对热泵技术和应用企业进行宣传，以点带面，推动热泵技术在行业的推广，如图6-5所示。

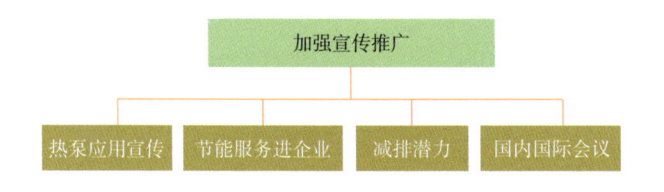

图6-5 加强宣传推广

6.2.5 推动相关方协同合作

推动项目的电网合作，加强热泵项目与电网互动能力建设，推广"热泵+蓄热"技术，提升热泵用电调节灵活性。进一步完善峰谷电价机制，引导具有蓄能特性的项目参与削峰填谷，根据属地电力供需情况优化热泵峰谷分时电价政策，适当拉大峰谷价差，延长低谷时长。支持热泵项目参与电力市场中长期交易、现货交易和电力辅助服务市场。研究制定热泵CCER方法学，构建热泵项目参与碳市场交易机制。图6-6所示为推动相关方协同合作的工作要点。

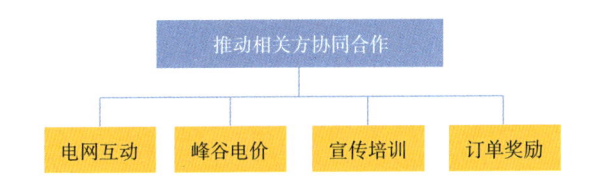

图6-6 推动相关方协同合作

推动热泵项目与纺织品牌的合作，品牌机构和行业协会共同开展热泵项目的培训和宣传工作，推进企业用能低碳化、绿色化，为实现行业双碳目标奠定坚实能效的基础。培育行业绿色低碳发展新动能，锻造产业竞争新优势。把握能源转型和绿色革命的新要求，着力提升节能技术、装备、产品供给水平，积极构建绿色增长新引擎，培育行业绿色竞争新优势。鼓励各服装品牌为纺织品供应商提供并增加订单奖励，以鼓励纺织企业通过热泵技术推进工艺加热的电气化进程。

参考文献

[1] 国家统计局.2024中国统计年鉴[M].北京：中国统计出版社，2023.